Collection « L'esprit économique »

fondée par Sophie Boutillier et Dimitri Uzunidis en 1996
dirigée par Sophie Boutillier, Blandine Laperche, Dimitri Uzunidis

Si l'apparence des choses se confondait avec leur réalité, toute réflexion, toute Science, toute recherche serait superflue. La collection « L'esprit économique » soulève le débat, textes et images à l'appui, sur la face cachée économique des faits sociaux : rapports de pouvoir, de production et d'échange, innovations organisationnelles, technologiques et financières, espaces globaux et microéconomiques de valorisation et de profit, pensées critiques et novatrices sur le monde en mouvement...
Ces ouvrages s'adressent aux étudiants, aux enseignants, aux chercheurs en sciences économiques, politiques, sociales, juridiques et de gestion, ainsi qu'aux experts d'entreprise et d'administration des institutions.

La collection est divisée en six séries :

Dans la série *Economie et Innovation* sont publiés des ouvrages d'économie industrielle, financière et du travail et de sociologie économique qui mettent l'accent sur les transformations économiques et sociales suite à l'introduction de nouvelles techniques et méthodes de production. L'innovation se confond avec la nouveauté marchande et touche le cœur même des rapports sociaux et de leurs représentations institutionnelles.

La série *Economie formelle* a pour objectif de promouvoir l'analyse des faits économiques contemporains en s'appuyant sur les approches critiques de l'économie telle qu'elle est enseignée et normalisée mondialement. Elle comprend des livres qui s'interrogent sur les choix des acteurs économiques dans une perspective macroéconomique, historique et prospective.

Dans la série *Le Monde en Question* sont publiés des ouvrages d'économie politique traitant des problèmes internationaux. Les économies nationales, le développement, les espaces élargis, ainsi que l'étude des ressorts fondamentaux de l'économie mondiale sont les sujets de prédilection dans le choix des publications.

La série *Krisis* a été créée pour faciliter la lecture historique des problèmes économiques et sociaux d'aujourd'hui liés aux métamorphoses de l'organisation industrielle et du travail. Elle comprend la réédition d'ouvrages anciens, de compilations de textes autour des mêmes questions et des ouvrages d'histoire de la pensée et des faits économiques.

La série *Clichés* a été créée pour fixer les impressions du monde économique. Les ouvrages contiennent photos et texte pour faire ressortir les caractéristiques d'une situation donnée. Le premier thème directeur est : mémoire et actualité du travail et de l'industrie ; le second : histoire et impacts économiques et sociaux des innovations.

La série *Cours Principaux* comprend des ouvrages simples, fondamentaux et/ou spécialisés qui s'adressent aux étudiants en licence et en master en économie, sociologie, droit, et gestion. Son principe de base est l'application du vieil adage chinois : « le plus long voyage commence par le premier pas ».

LA LOI DU MARCHÉ
POST-ESCLAVAGISTE

5-7, rue de l'École-Polytechnique, 75005 Paris

http://www.editions-harmattan.fr

ISBN : 978-2-14-033217-3
EAN : 9782140332173

Marian Wielezynski

La loi du marché post-esclavagiste

Une approche critique

L'Harmattan

Du même auteur

Retour sur l'origine du profit. Et si l'économie changeait de paradigme..., 2018, L'Harmattan, collection « L'esprit économique - série Krisis ».

SOMMAIRE

SOMMAIRE **7**

PRÉAMBULE **15**

Punir le versement de dividendes :
un coup d'épée dans l'eau 15

Les faits à observer 17

Références 21

INTRODUCTION **23**

La loi de l'offre et de la demande 24

Le pouvoir d'achat n'est pas au rendez-vous 24

Les profits espérés ne sont pas les profits réalisés 25

Reconstruire la loi de l'offre et de la demande 26

Quel sort pour l'économie de marché ? 27

L'État se substitue aux entrepreneurs
pour faire des avances financières 28

Du planteur à l'entrepreneur 29

La diffusion du modèle 31

Ce que représentent « les acomptes
sur dividendes » aujourd'hui 31

CHAPITRE 1
L'INVENTION DE L'ESCLAVAGE-MARCHANDISE –
LE CAS DE L'ÎLE DE CHIOS DANS L'ANTIQUITÉ **33**

L'esclavage-marchandise et l'avantage comparatif 36

CHAPITRE 2
ARISTOTE **39**

Achille, héros esclavagiste 39

Aristote et les débuts de l'invisibilité 40
Le travail nécessaire dans la condition humaine 41
Heureusement, l'esclavage existe 42
Le caractère « naturel » de l'esclavage 43
L'appréciation de la « marchandise » 44
L'affranchissement, pouvoir du maître 45
La prohibition du commerce 46
La monnaie et l'esclavage-marchandise 47

CHAPITRE 3
LES HÉBREUX, LES STOICIENS
ET LES CHRÉTIENS 51

Loth et ses deux filles 51
L'esclave éligible à l'affranchissement 52
Deux sectes sans esclaves 54
Différenciation des traitements 54
La réduction en esclavage par les Romains 55
Les stoïciens, des révoltes à la défense de la propriété 56
L'Empire Romain et l'esclavage de plantation 59
Les stoïciens défenseurs de la propriété 59
La transition vers le christianisme 61
Les Chrétiens, théologiens de la servitude 61
Approche théologique de l'avance 63
Trois modalités de reconstitution de l'avance 63
Les conditions de la reconstitution de l'avance 64
Quand l'esclavage va de soi 64
L'affranchissement des esclaves
accélère la circulation des élites 67

CHAPITRE 4
L'ESCLAVAGE DE PLANTATION DANS L'ÎLE DE SAO-TOMÉ AU XVIe SIECLE 69

L'esclavage blanc dans la péninsule ibérique 69
La discorde chez les Wisigoths et la conquête musulmane .. 70
L'effondrement des Wisigoths 71
La préférence pour les Noirs 72
La traite des Blancs en Méditerranée 73
Le modèle de l'île de Sao Tomé-et-Principe 73
L'apparition des cultures sucrières en Europe 74
La colonisation de Sâo Tomé-et-Principe 76
Les origines de la créolisation 77
Le commerce des esclaves, première activité 78
L'esclavage de plantation : le cas de l'industrie sucrière, seconde activité 80

CHAPITRE 5
LES DEUX THOMAS 83

Thomas More, la face cachée de l'Utopie 83
Qui sont les esclaves ? 84
Les âmes « féroces et barbares » des esclaves révoltés 86
Planification et gestion des ressources humaines 86
Thomas d'Aquin, l'esclavage et le taux d'intérêt 87
L'utilité de l'esclave pour le maître 88
Il n'est pas prévu de dédommager l'esclave. 88
La brèche dans la relation maître-esclave 89
La raison du plus fort est toujours naturelle 90
L'importance croissante du prêt à intérêt 91
Le juste prix et le prêt à intérêt 91
La brèche ouverte dans la doctrine du prêt à intérêt 92

Souplesse sur le prêt à intérêt, rigidité sur l'esclavage.........93
Le « damnum emergens » (indemnité pour service rendu)..93
Le « lucrum cessans (manque à gagner) »............................94
Quand la « bonne intention » fait foi....................................95

CHAPITRE 6
LES MERCANTILISTES
ET L'INFLATION – JEAN BODIN.....................................97

La réponse au paradoxe de Malestroit..................................98
L'Espagne, seule responsable de l'inflation générale...........99
Développement d'un commerce triangulaire......................100
La lutte contre l'usure, obstacle aux affaires.....................100
L'essor du « cartel »
des cinq Etats esclavagistes occidentaux...........................101
Les stimulants préalables à la Traite.................................104
La substitution de l'esclavage noir
aux esclavages blancs et indiens.......................................108
L'affranchissement des esclaves blancs.............................109
Le planteur préfigure l'entrepreneur..................................110

CHAPITRE 7
L'ESCLAVAGE ET L'USURE - RICHARD BAXTER..113

Le calvinisme plus souple sur le taux d'intérêt.................113
L'essor parallèle du commerce et de la traite....................114
L'éthique du capitalisme et la Prédestination....................114
La sobriété liée aux occasions de profit............................115
Richard Baxter et le « verrouillage théologique »
de la subordination esclavagiste..116
Directives sur les Devoirs des serviteurs...........................117
Directives des devoirs des Maîtres envers les Serviteurs
dans les plantations à l'étranger qui ont toutes sortes
d'esclaves en état de péché...118

Commentaires sur le péché et la propriété.......................... 120
Politique chrétienne de l'usure 121
Commentaire sur le taux d'intérêt 123

CHAPITRE 8
LES PHYSIOCRATES ET LES CLASSIQUES............... 125

Les calculs économiques dans le débat qui conduit à l'abolition.. 126
Le travail libre doit se substituer au travail servile............. 127
Les détails des calculs.. 128
Le conservatisme des ségrégationnistes 129
Le refoulement chez les Classiques.................................... 130
À propos d'un texte de David Hume sur l'esclavage dans l'Antiquité... 131
Les « lords du tabac » et les « lumières écossaises ».......... 134
L'avance proportionnée au profit espéré 136
La loi de Say 138
Le cas de Nantes, port français... 140
Le modèle post-esclavagiste de Gustave de Molinari 142
Les propositions de Molinari 144
Les remèdes à la récession post-esclavagiste 145
L'équilibre de plein-emploi compromis 146
L'échec de la substitution du travail libre au travail servile.. 147
Le *Zong*, le *Rôdeur* et l'opinion publique........................... 149

CHAPITRE 9
L'ÉQUILIBRE ANTHROPOLOGIQUE 151

L'autosuffisance alimentaire des esclaves.......................... 152
Autre exemple d'auto-suffisance alimentaire-John Hicks 153

L'élimination du risque de surproduction 155
La reconstitution des avances financières 156
Les avances financières sont des produits « naturels » transformés en « profits » 157
Le contexte de la loi de Say 157
L'équilibre néo-classique et la demande globale 159
L'hypothèse inavouable 160
L'équilibre anthropologique 160
De l'esclave à l'indigène, la « vision » classique de l'équilibre ne change pas 161
Des Siane aux Baruyas de Nouvelle Guinée 162
Le système économique des Siane 163
Le recrutement des hommes par l'administration australienne 164
Le capital préalable aux changements 164
Les Baruyas de Papouasie-Nouvelle Guinée 167
Le taux d'échange « barre de sel » / cochon 168
Esclavage moderne, le cas de la Corée du Nord 169

CHAPITRE 10
LA LOI DU MARCHÉ POST-ESCLAVAGISTE 171

Les profits espérés ne sont jamais les profits réalisés 171
La controverse de Washington (1951) 172
L'objection de Paul Samuelson 173
Dividende = Acompte sur dividende + Solde 173
Les conditions de la reconstitution des avances financières 174
L'effet de levier, contrainte de croissance 175
Taux de marge et reconstitution de l'avance 176

CONCLUSION 179

Les spécificités du marché esclavagiste, de la Grèce et des Caraïbes 180

Les institutions du marché 182

Marché esclavagiste, profit, auto suffisance alimentaire et travail salarié 183

La loi du marché post-esclavagiste et les « survivances » ou « pesanteurs » sociologiques 185

L'appropriation culturelle et la loi du marché post-esclavagiste 187

ANNEXES 189

BIBLIOGRAPHIE 201

PRÉAMBULE

Punir le versement de dividendes : un coup d'épée dans l'eau

Comment apprécier les mesures politiques qui visent à exclure de l'aide publique les entreprises qui versent des dividendes à leurs actionnaires au moment même où elles reçoivent des aides ? Cette mesure d'exclusion est officiellement préconisée par la Banque Centrale Européenne au Printemps 2020. Rappel de la phrase prononcée le 27 mars 2020, sur BFMTV, par Bruno Le Maire, ministre français de l'Economie et des finances, qui déclare :

"Je refuserai de donner la garantie de l'Etat pour obtenir un prêt, aux entreprises qui verseront des dividendes. C'est une question de responsabilité et de justice. Cela concerne les entreprises, en France et à l'étranger. Elles devront signer un « engagement ».

Dans ce contexte, les entreprises doivent arbitrer entre les mesures de soutien de l'Etat et les opérations de distribution de dividendes à leurs actionnaires.

Or, baisser des dividendes est souvent mal interprété par les marchés et peut faire fuir les investisseurs. D'un autre côté, cette décision améliore leur image de marque dans le public en ces temps de crise. Cette observation triviale en masque une autre, plus ancrée dans le réel.

En réalité, le « sacrifice des dividendes », qui concerne, au mois de mars 2020, les bénéfices réalisés en 2019, n'a pas de conséquences économiques notables. C'est un coup d'épée dans l'eau. Bien avant l'annonce du ministre, de nombreuses entreprises ont déjà distribué des acomptes sur les dividendes prévus en 2019 à leurs actionnaires, au nombre desquels appartient l'État français lui-même. Peut-on imaginer un seul instant les actionnaires, y compris l'État français lui-même, et les actionnaires salariés, être sommés de rembourser au nom de la responsabilité et de la justice, les acomptes sur dividendes 2019 qui ont déjà été versés ?! La réponse est non. Les dividendes 2019 évoqués par « l'engagement de responsabilité et de justice » nc sont en réalité qu'un « solde » du dividende 2019. C'est seulement ce solde-là qui est concerné par « l'engagement ». Le « sacrifice » n'est pas si douloureux et il est compensé par des sommes astronomiques découlant des plans d'aide.

Mais que deviennent alors les actionnaires d'entreprises qui n'ont pas versé d'acomptes ? Ils sont en droit de se sentir discriminés, voire spoliés, et d'exprimer leur profond ressentiment. C'est le cas, notamment des salariés actionnaires dans les entreprises qui ne versent pas d'acomptes. Eux, Ils ne reçoivent pas du tout de dividendes en 2020. Où est la justice ?

D'un côté, nous avons des entreprises qui versent des acomptes sur les dividendes 2019, puis qui annulent le versement du solde en 2020 pour pouvoir recevoir l'argent public, puis qui versent des acomptes sur les dividendes 2020, ce qui compense l'absence du solde de dividendes 2019.

Évidemment, toutes les entreprises ne sont pas logées à la même enseigne. Le refus de les aider si elles distribuent des dividendes ne les concerne pas toutes de la même manière.

Pour certaines entreprises le sacrifice des dividendes 2019 est une broutille si on le compare aux flux financiers publics qui accroissent leurs valeurs d'actifs. Nous constatons d'ailleurs, que les soldes des dividendes 2020 sont substantiels en juin 2021. Dès la fin du Printemps 2020 ils étaient déjà versés sous forme d'acomptes.

Le prolongement de ces discussions en 2022 sur la taxation des « superdividendes » montre que les intervenants ne comprennent pas tout aux financements de l'économie de marché. Pour qu'ils puissent payer les taxes sur les dividendes 2021, les entreprises verseront aux actionnaires des acomptes sur les dividendes 2022. Et heureusement, car c'est le seul moyen de rétablir l'équilibre approximatif entre l'offre et la demande, tant bien que mal et autant que faire se peut. Il est temps de réfuter les idées reçues, et d'aller chercher loin dans les faits et les représentations, de quoi déterminer de nouveaux paradigmes.

Les faits à observer

En ce qui concerne les versements de dividendes relatifs à l'exercice 2019, visés par l'exhortation de la Banque Centrale Européenne et du Ministre, examinons la situation de quelques entreprises. Il s'agit de montrer la réalité du comportement des entrepreneurs en économie de marché. Certaines entreprises ont demandé l'aide de l'État, d'autres non. Ce n'est pas le sujet. Le fait est qu'en mars 2020, elles ont déjà distribué depuis longtemps une bonne partie des dividendes 2019 dont le solde est payé (ou pas !) à la fin du printemps 2020.

Acomptes payés sur les dividendes 2019 :

TOTALÉNERGIES :

– Le 1er octobre 2019, versement de 0.68 € par action, pour 2 619 131 285 actions, dont 3% pour le Qatar, 9% pour les salariés actionnaires, etc… soit *1 728 626 648 € d*istribués.

– Même opération le 8 janvier 2020, mêmes montants.

– Même opération le 1er avril 2020, mêmes montants.

– Le 1er octobre 2020 (exactement un an après le 1er acompte 2019), paiement du solde 2019 : 0.68 € par action, soit 1 728 626 648 €. Ainsi 75% du dividende 2019 ont été payés d'avance par TOTALÉNERGIES ;

– Le 3 octobre 2020, deux jours après le paiement du solde 2019, est versé un acompte sur dividende de 0.66 sur l'exercice 2020, soit .1 728 626 648 €. Les modalités de 2021 sont la répétition de 2020.

LVMH

– Le 10 décembre 2019, versement d'un acompte 2019 de 2,20 € par action, pour 505 431 285 actions, soit 1 111 948 827 €.

– Le 9 juillet 2020, sept mois plus tard, versement du solde 2019 de 2,40 €, soit 1 314 121 341 €.

– Le 3 décembre 2020 ((moins d'un an après le versement de l'acompte 2019), versement d'un acompte sur le dividende 2020 de 2,00 €, soit *1 010 862 570,00 €.*

ORANGE

– Le 2 décembre 2019, versement d'un acompte sur le dividende 2019, de 0,30€ pour 2 660 056 599 actions, soit *798 016 979,70 €.*

– *Le 2 juin 2020, versement du solde 2019 de 0,20€ par action, soit* 532 011 319,80 €

KERING

– Le 14 janvier 2020, six mois avant l'Assemblée Générale, versement d'un acompte sur dividende 2019 de 3,50 €, pour 124 692 916 actions, soit 436 425 206,00 €.

– Le 23 juin 2020, versement du solde 2019, de 4,50 € par action, soit 561 118 122,00 €.

Etc…

Toutes les entreprises du CAC 40 ne distribuent pas des acomptes sur dividendes. Certains Conseils d'Administration considèrent que si un actionnaire a besoin de liquidités, il n'a qu'à vendre des actions de l'entreprise à la Bourse.

Le cas des entreprises citées ici ne peut être généralisé. Il s'agit de décisions prises individuellement par l'entrepreneur, encadrées par l'Article L232-12 du Code de Commerce, qui dit :

« *...Lorsqu'un bilan établi au cours ou à la fin de l'exercice et certifié par un commissaire aux comptes fait apparaître que la société, depuis la clôture de l'exercice précédent, après constitution des amortissements et provisions nécessaires, déduction faite s'il y a lieu des pertes antérieures ainsi que des sommes à porter en réserve en application de la loi ou des statuts et compte tenu du report bénéficiaire, a réalisé un bénéfice, il peut être distribué des acomptes sur dividendes avant l'approbation des comptes de l'exercice. ....Tout dividende distribué en violation des règles ci-dessus énoncées est un dividende fictif.* »

L'application de cette régulation financière française est assez significative pour avoir un impact opérationnel non mesuré jusqu'à présent, et ignoré du ministre, semble-t-il, sur l'offre et la demande globales.

Voici un tableau d'un échantillonnage rapide de 26 entreprises qui pratiquent l'acompte sur dividendes et en ont distribués pour plus de 13 milliards d'euros en 2020. En fait, cette problématique est tellement ignorée de l'opinion commune qu'il est impossible de mesurer l'ampleur du phénomène à l'échelle globale.

Tableau 1

ACOMPTES SUR DIVIDENDES 2020 VERSES AVANT L'AG 2021					
	Raison Sociale	***Versement***	***€***	***Nombre d'actions***	***Montant versé €***

1	ABC-Arbitrage	10/11/20	0,33	13 193 296	*4 353 787,68*
2	AVAST	15/10/20	0,05	1 028 357	*51 417,85*
3	Bolloré	02/09/20	0,02	2 944 598 874	*58 891 977,48*
4	Chargeurs	05/11/20	2,5	23 848 641	*59 621 602,50*
5	Christian Dior	03/12/20	2,00	180 507 516	*361 015 032,00*
6	DNXcorp	12/11/20	1,70	2 854 575 000	*4 852 777 500,00*
7	GTT	22/10/19	1,50	37 078 357	*55 617 535,50*
8	Hermés	20/02/19	1,50	105 569 412	*158 354 118,00*
9	Kering	16/01/20	3,50	126 279 322	*441 977 627,00*
10	Legal & General	15/10/20	0,05	5 936 174	*296 808,70*
11	LVMH	03/12/20	2,00	505 431 285	*1 010 862 570,00*
12	Orange	09/12/20	0,30	2 660 056 599	*798 016 979,70*
13	PEARSON	01/11/20	0,06	778 600 000	*46 716 000,00*
14	PERNOD	08/07/20	1,18	265 421 592	*313 197 478,56*
15	Solvac	29/12/20	2,18	21 380 000	*46 608 400,00*
16	Solvay	18/01/21	1,50	105 876 416	*158 814 624,00*
17	STEF	17/11/20	1,50	13 515 649	*20 273 473,50*
18	Thales	01/12/20	0,40	213 317 506	*85 327 002,40*
19	TOTAL-1	02/10/20	0,66	2 601 881 075	*1 717 241 509,50*
20	TOTAL-2	04/01/21	0,66	2 601 881 075	*1 717 241 509,50*
21	Warehouses	02/12/20	1,40	3 166 337	*4 432 871,80*
22	BP	18/12/20	0,04	20 345 360 000	*813 814 400,00*
23	LDLC	23/02/21	0,50	6 322 106	*3 161 053,00*
24	ESSILOR-LUXOTTI	28/12/20	1,15	437 564 431	*503 199 095,65*
25	C.Agr.-MORBI-HAN	15/01/20	1,28	15 961 596	*20 500 000,00*

26	C.Agr.-LAN-GUEDO	16/01/20	2,24	20 054 000	*44 900 000,00*
	ETC			**TOTAL :**	***13 297 264 374,32***

Les 13 milliards d'euros distribués sous forme d'acomptes sur dividendes par ces 26 entreprises sont des profits payés d'avance. Ils sont décidés par l'entrepreneur individuel seul, et relèvent de la sphère privée. À l'échelle d'une économie globale l'agrégat en question devrait représenter une part significative du PIB. La question peut même se poser de savoir s'il y aurait des « soldes », s'il n'y avait pas d'acomptes.

Dans l'ignorance de ces questions de financement de l'économie de marché, il est pour le moins hasardeux d'évoquer des « engagements de responsabilité et de justice » en intervenant aveuglément dans le fonctionnement des entreprises et de leurs Assemblées Générales.

Références

K. Boulding, *A Reconstruction of Economics*, Science editions, 1962

H. Denis, *La loi de Say sera-t-elle enfin rejetée ? Une nouvelle approche de la surproduction,* Economica, 1999

Texte disponible en ligne : https://blogs.alternatives-economiques.fr/reseauinnovation/2023/01/08/punir-le-versement-de-dividendes-un-coup-d-epee-dans-l-eau

INTRODUCTION

Le mot « post-esclavage » est souvent employé pour faire une distinction analytique, temporelle, entre « l'avant » et « l'après » esclavage. Les dates d'abolition de cette institution marquent les coupures formelles. Ce concept représente une rupture critique, normative et morale, exposant les héritages continus d'une situation qui aurait dû être réglée, mais qui ne l'est pas. D'où cette tendance unilatérale au néo-abolitionisme qui renforce des représentations selon lesquelles la rupture temporelle entre esclavage et post-esclavage est universellement désirable et possible pour tous. [1] Elle devrait prendre en compte la coexistence à l'heure actuelle de l'esclavage traditionnel et de l'esclavage moderne. C'est le cas en particulier dans des sociétés où l'abolition coloniale de l'esclavage et/ou des interventions internationales anti-esclavagistes ont été perçues (et continuent de l'être) comme des projets indésirables, exogènes, romantiques ou même paternalistes et opportunistes venus d'ailleurs pour s'immiscer sans légitimité dans des dynamiques de pouvoir locales ou régionales – comme c'est le cas en Mauritanie, en Corée du Nord ou en Afghanistan.

Ceci étant dit, il est possible de voir une nouvelle forme de "néo-abolitionnisme" dans la réfutation de la loi du marché telle qu'elle a été proposée en pleine période esclavagiste, et jamais réfutée depuis. Si l'institution de l'esclavage est abolie formellement dans le champ politique, elle ne

[1] « Lire et narrer le post-esclavage », Appel à contribution, Calenda, Publié le lundi 18 mars 2019, https://calenda.org/583190

l'est pas dans les modèles de l'offre et de la demande proposés par les chercheurs en sciences sociales.

La loi de l'offre et de la demande

« La loi de Say sera-t-elle enfin rejetée ? ». Tel est le titre inquiétant d'un ouvrage publié à Paris en 1999.[2] Dans ce livre, l'auteur déplore l'aveuglement dont font preuve les chercheurs en sciences sociales à propos de la loi de l'offre et de la demande. Au sein de la société marchande, affirme-t-il, l'offre de biens produits par ceux qui sont impliqués dans la production ne permet pas, quoiqu'on en dise, de distribuer sur-le-champ des revenus à tous les participants à l'échange.

Le pouvoir d'achat n'est pas au rendez-vous

Les offreurs, « propriétaires » des marchandises en circulation ne peuvent pas connaître le revenu qui leur échoit avant le paiement complet par les demandeurs des biens qu'ils ont à leur vendre. Avant le transfert de propriété ils ne connaissent donc pas leur bénéfice distribuable, car ils ignorent jusqu'au dernier moment le prix et les quantités réellement vendues et payées. Autrement dit, ils ne disposent pas d'emblée du pouvoir d'achat promis par la loi de Say. Ce fait élémentaire est tout simplement occulté dans toutes les représentations figurant l'équilibre de l'offre et de la demande.

Or, il faut bien admettre que l'échange marchand ne produit pas lui-même le profit espéré qui l'a fait naître. De l'échange résulte seulement une information : le prix, négocié dans des conditions spécifiques. Ces conditions sont fort

---

[2] Denis, H. *La loi de Say sera-t-elle enfin rejetée ? Une nouvelle approche de la surproduction.* Economica 1999

instables et le profit réalisé par l'offreur est en fin de compte toujours différent du profit espéré. Comment s'y prendre alors pour assurer sa propre subsistance quand on vit du seul profit marchand, par exemple, des seuls dividendes disponibles après la clôture des opérations ?

La théorie soutient que le profit est un « coût de production » contenu dans le prix du produit que l'on met sur le marché. Certes, mais comment connaitre ce prix définitif tant que les transactions ne sont pas conclues et donc, tant que les vendeurs n'ont pas encore la certitude d'être « bénéficiaires » ?

En revanche, les travailleurs salariés, qui sont, quant à eux, « en-gagés » librement sous contrat, ne sont pas dans cette situation d'incertitude. Ils reçoivent leur salaire de toute façon. Mais encore une fois, en ce qui concerne les producteurs « propriétaires », ils ne sont, eux, sûrs de rien pour ce qui regarde la réalisation de leurs revenus attendus.

Les profits espérés ne sont pas les profits réalisés

Si la production offerte ne se vend pas, voilà les vendeurs sans ressources. La société marchande se caractérise par une incertitude assumée sur la réalisation du profit. Pendant le temps de la production, alors que les travailleurs salariés perçoivent régulièrement leurs rémunérations, les offreurs « propriétaires » ne disposent pas matériellement, en ce qui les concerne, de leurs parts de profits. Ils ne peuvent donc pas consommer le fruit espéré de leurs services. Par conséquent, il faut admettre que la production offerte ne parvient pas à se faire absorber automatiquement dans sa globalité. Certains offreurs (les propriétaires) ne percevront leurs parts espérées qu'une fois les transactions conclues et honorées. Et tant que l'absorption sur les marchés n'est pas entièrement achevée, il manque à la construction du raisonnement sur l'offre et la demande une composante non-négligeable : le profit lui-même. C'est inquiétant. Cela signifie que les marchés libres sont en état structurel de surproduction générale permanente, ce que nie vigoureusement la théorie courante. De nombreux biens et services (y compris des crédits bancaires à la consommation et à l'investissement) sont mis à la disposition des consommateurs mais ne trouvent pas tous preneurs car les profits prévus sont loin d'être matériellement disponibles et distribués.

C'est d'autant plus inquiétant que l'analyse de cette question de la surproduction générale structurelle souffre elle-même d'une grave pénurie de textes explicatifs convaincants. D'où l'alarme perceptible dans le titre du livre cité dans l'incipit.

Reconstruire la loi de l'offre et de la demande

Plus de vingt ans après, cet appel à la réfutation de l'impossibilité de la surproduction générale dans une société libérale demeure d'actualité. Pourquoi doit-on encore se préoccuper de cette question ?

La réponse coule de source, elle tient dans le rejet qui menace gravement la science économique si, de son côté, elle ne consent pas les efforts nécessaires pour rejeter par elle-même explicitement la « loi de Say » en en dénonçant par elle-même, avec ses propres forces, les insuffisances. La science du marché ne survivrait pas à la conservation des hypothèses illusoires sur lesquelles elle se fonde, qui imprègnent tous les modèles et qui auraient dû évoluer depuis longtemps.

Les étudiants apprennent dès la première année d'économie que le profit de l'entreprise est maximum quand le coût marginal est égal au prix du marché. Mais en deuxième année, en revanche, personne ne leur enseigne que le profit maximum de la société dans son ensemble est la somme des avances financières consenties par les entrepreneurs dans la période même où les marchandises sont produites et proposées à la vente. Ces avances financières consenties à leur propre bénéfice par les propriétaires eux-mêmes au sein de leurs propres entreprises et à leur seule initiative, pour assurer leur propre subsistance, ainsi que celle de de leurs proches et de leurs actionnaires, leur offrent les uns aux autres les moyens monétaires de s'assurer les débouchés simultanés qui permettent tant bien que mal à la société de parvenir à l'équilibre général. Sans les profits ainsi payés d'avance l'équilibre général de l'offre et de la demande serait impossible. Jean-Baptiste Say le savait mais il s'est empêché de le dire clairement et d'en tirer les conséquences. Aujourd'hui, il est temps de rechercher l'explication de ce silence blâmable.

Quel sort pour l'économie de marché ?

L'enjeu est de taille. Il peut paraître légitime de se demander si l'analyse n'a pas souffert du climat étroitement empiriste et pragmatiste, imprégné d'idées approximatives, dans lequel l'illusion écrasante de l'impossible surproduction générale s'est imposée, s'est développée et s'est maintenue.

L'inquiétude croît aujourd'hui à propos du sort réservé à « l'économie de marché », menacée par l'ostracisme de ceux qui lui reprochent de ne pas être « scientifique ». Elle n'offre pas, lui reprochent-ils, de prise à une réfutation digne de ce nom et ancrée dans le réel observable. Ces qualités de réfutabilité étant requises pour toute discipline aspirant à s'établir dans le domaine de la Science « avec un grand S », leur absence conduit à faire reléguer l'économie au magasin des accessoires inutiles.

L'équilibre néo-classique, dit « de marché », finit ainsi, lui aussi, par être voué aux gémonies, comme l'économie classique avant lui et pour la même raison : il cache l'origine du profit, ce qui obscurcit l'analyse des conditions nécessaires à l'équilibre de l'offre et de la demande. Le secret de cette origine doit être bien lourd à porter puisqu' à ce jour aucune des Écoles constitutives de cette discipline n'a pu le percer et le mettre en lumière. Les résultats des constructions respectives des Écoles regroupées chacune autour d'un auteur emblématique, ne permettent à aucune d'entre elles de calculer le profit maximum réalisable dans une économie quelconque à un moment donné. Elles ne permettent même pas d'envisager qu'un tel calcul soit possible.

L'État se substitue aux entrepreneurs pour faire des avances financières

Pour résoudre les questions de surproduction générale, l'État est appelé alors à se substituer aux entrepreneurs, qui ne sont pas informés des décisions de gestion des avances financières pratiquées par leurs collègues. L'État, pas mieux informé, relance à tout va, « coûte que coûte », à tort et à travers, sans aucune considération pour les effets instantanés sur la réalité des échanges. De telles avances financières sont optimales si elles se déroulent au plus près des marchés et des entrepreneurs. Or, tel n'est pas le cas, l'État n'a pas cette proximité nécessaire aux procédures de reconstitution des avances.

Il est vrai que Jean-Baptiste Say souligne que ce n'est pas l'argent qui enrichit les gens... c'est la production nécessaire à la reconstitution des avances. C'est la capacité à produire des biens et des services qui donne aux gens la capacité d'acheter des biens et des services.

Si c'est l'État qui « donne », sans se préoccuper sérieusement de reconstituer les avances, l'équilibre de l'offre et de la demande est compromis. La loi de Say, c'est cela : les produits s'échangent contre des produits parce que les avances et leurs reconstitutions sont faites en toute responsabilité et en toute connaissance de cause par les producteurs eux-mêmes.

L'ironie libertarienne est un aveu de faiblesse. Aujourd'hui, les libertariens qui, entre autres, vénèrent Jean-Baptiste Say, ont beau jeu d'ironiser :

Quoi, vous n'avez pas vendu de voitures le mois dernier ? L'État va vous donner de l'argent. Comment, vous n'avez pas pu aller travailler ? Hé, pas de problème – voici un chèque à votre nom. Votre restaurant n'a servi aucun repas... votre navire de croisière n'a pas quitté le port... personne n'a acheté vos avions ? Problème résolu : distribution générale de monnaie.

Ironie cruelle. Mais plus encore, ironie qui est un aveu de faiblesse. La création monétaire peut-elle remplacer la production réelle ? Pour Say, il faut prévoir que la reconstitution des avances ne peut aller de soi sans une production de biens et services réels mis sur le marché.

Du planteur à l'entrepreneur

Au XVIIIe Siècle, les producteurs deviennent des « entrepreneurs ». Ils s'activent notamment dans les plantations de café, de sucre, de tabac et de coton. Les spécificités de ces entreprises innovantes sont alors bien connues des Économistes, notamment en ce qui concerne l'origine du profit.

Voici ce qu'écrit Jean-Baptiste Say, dans son *Catéchisme* à partir de l'exemple d'une plantation de café :

> « Il ne faut pas oublier que les travaux des divers entrepreneurs (planteurs et négociants) qui ont concouru à cette production, font partie des avances qu'elle a né-

cessitées ; et que leurs profits n'étant que le remboursement de ces avances, font partie de ces frais de production. »[3]

Les avances remboursables auxquelles Jean-Baptiste Say fait référence concernent, d'une part, les dépenses personnelles du propriétaire et de sa famille, et d'autre part, l'équipement autofinancé en matériel ainsi que les achats et l'entretien d'esclaves. Le travail des esclaves est inclus dans « les travaux des divers entrepreneurs ».

Dans un contexte de propriété de l'homme par l'homme, l'appropriation du fruit du travail de l'esclave par l'entrepreneur (planteur ou négociant) est sans partage. Comme l'esclave n'est pas rémunéré, tout le produit de la vente des denrées devient le profit brut de l'entrepreneur. Si ce produit brut excède les avances, ce qui est généralement le cas, la situation est florissante pour l'entrepreneur. Il apparaît alors que la spécificité du modèle de l'esclavage de plantation est de faciliter au plus haut point la reconstitution des avances financières. Ainsi les avances se transforment-elles en produits marchands et les produits monétaires de la vente deviennent les profits. Autrement dit, la réalité observée : « les profits s'échangent contre des profits », se substitue en réalité à la Loi de Say qui dit : « les produits s'échangent contre des produits ». Telle est l'hypothèse inavouable sur laquelle la loi de Say se construit. Comme il y a peu d'obstacles dans le contexte esclavagiste florissant dans lequel l'auteur évolue professionnellement (coton d'abord, sucre ensuite) à la reconstitution des avances, donc à la formation du profit, l'illusion de l'impossibilité de la surproduction générale peut s'ancrer dans les esprits. Ni crainte, ni honte ne viennent obérer le modèle.

[3] Jean-Baptiste Say, Cours d'économie politique et autres essais. Catéchisme d'économie politique (1821) P.350 GF-Flammarion 1996 450 p.

La diffusion du modèle

La Révolte de Saint Domingue (1791) change la donne du développement de cette île et de cette région du monde.

D'un côté, les nouveaux maîtres de l'île, renommée Haiti, vont aider (à sept reprises) Simon Bolivar dans sa lutte anti-coloniale.

D'un autre côté, elle déclenche la dissémination des compétences en matière d'esclavage de plantation dans les nombreux archipels de cette partie du monde (sucre), au Brésil (café) ainsi que dans les États du Sud des futurs Etats-Unis (tabac, coton). L'extension de ce modèle à tant de territoires géographiques s'opère aussi dans l'imaginaire de ceux qui l'observent. Ils en déduisent que tout le produit de la vente est une reconstitution des avances financières. Celles-ci offrent simultanément des débouchés préalables aux entrepreneurs fournisseurs exclusifs des plantations et des Métropoles d'une rive à l'autre de l'Atlantique.

Ce que représentent « les acomptes sur dividendes » aujourd'hui

Les avances financières aujourd'hui portent le nom d'» acomptes sur dividendes ».

Dans la troisième et dernière partie de cet essai il apparaît que les acomptes représentent aujourd'hui environ la moitié des bénéfices annuels d'une entreprise. Le fonctionnement est connu : les acomptes sont versés en une ou deux fois **pendant** l'exercice comptable annuel. De sorte que lorsque l'opinion publique prend connaissance du montant global des dividendes distribués, en général chaque année au Printemps, la vérité factuelle obligerait les commentateurs honnêtes à préciser qu'il s'agit en fait de « soldes » de dividende, puisqu' habituellement la moitié du dividende prévu pour l'exercice en question est déjà arbitrairement payée d'avance, en moyenne, selon les cas, six mois plus tôt. D'où cette question lancinante, qui permet de réfuter la loi de Say : y aurait-il eu un « solde » de dividende, s'il n'y avait pas eu d'acompte ? Dans le modèle néo-classique, cela devrait apparaître attaché à l'offre. Pourtant personne ne le voit ni n'en parle. Comme, à l'époque, personne n'évoquait l'esclavage dans l'analyse des services producteurs.

Auparavant, dans ce qui est la deuxième partie de cet essai, il faut tenter de comprendre pourquoi aucune École d'Économie n'évoque la dimension esclavagiste des sociétés humaines, pourtant observable à toutes les époques et sous tous les cieux, et notamment là où fonctionne une économie de marché. Le débat séculaire et tumultueux entre abolitionnistes et anti- abolitionnistes incite le plus souvent les penseurs à l'évitement, à l'éloignement, au renoncement et à la résignation. L'obstiné déni de la surproduction générale ainsi que de la nécessité de payer discrètement les profits d'avance, empêchent toute discussion ouverte.

Mais pour l'heure, dans la première partie, il convient de s'interroger sur certaines caractéristiques du contexte esclavagiste. Pour commencer, une première question : où et quand l'anthropologie permet-elle de situer l'origine de l'invention de l'esclavage-marchandise ? En effet, il s'agit là d'une institution permanente de l'histoire de nos sociétés. Est-elle vraiment abolie ? L'appropriation sans partage de la production du serviteur par le maître est chronique. Elle rend possible l'avance et la reconstitution de l'avance qui rend tacitement concevable l'équilibre des modèles. Si déterminants il y a dans les équilibres sociaux, l'anthropologie peut permettre de les révéler.

CHAPITRE 1
L'INVENTION DE L'ESCLAVAGE-MARCHANDISE – LE CAS DE L'ÎLE DE CHIOS DANS L'ANTIQUITÉ

Théopompe de Chios écrit que le peuple de Chios est le premier qui apprit la culture et la diffusion des vignes d'Onopion, le fils de Dionysos et roi fondateur de la cité de Chios ; chez le poète Hermippos (Ve siècle avant notre ère), Dionysos fait de Chios le premier vignoble de grands crus grecs. La prospérité de l'île est abondamment décrite dans les textes grecs.[4] Les ressources humaines sont relativement bien détaillées. La main-d'œuvre disponible semble nombreuse, accessible, qualifiée et docile.

D'après les récits de réduction en esclavage de populations non-grecques par les habitants de Chios, la région du Pont (en gros, la Turquie Nord-Occidentale) est une des principales sources d'approvisionnement. Les noms de *Kaukasos* ou *Kaukasiôn* font partie de l'onomastique courante dans l'épigraphie de Chios au Ve siècle avant notre ère. Il s'agit donc d'hommes et de femmes de « race blanche ». À propos, les caractéristiques de la race blanche, dans les statistiques ethniques américaines actuelles, sont décrites comme « caucasiennes ». Ces hommes et ces

[4] **Les Mondes de l'esclavage. Une histoire comparée**. Sous la direction de Paulin Isnard. Seuil 2021 900 p. P.43

femmes deviennent dès le VIe siècle avant notre ère les esclaves implantés sur l'île située à 11 kilomètres des côtes aujourd'hui turques.

Noé devint cultivateur et il planta une vigne (Genèse, 9-20)

D'un autre côté, dans la même région, les premiers récits connus du déluge intriguent. Ils sont antérieurs de plus de mille ans à la rédaction de la Bible. C'est après leur déportation à Babylone en 586 avant notre ère que les Hébreux y découvrent des écrits mésopotamiens des IIIe et IIe millénaires avant notre ère. Parmi ces mythes, les épopées d'Atrahasis et de Gilgamesh, racontent un déluge commandité par les dieux pour engloutir une humanité devenue trop bruyante. Les Mésopotamiens sont interpellés par ces récits : le Tigre et l'Euphrate sont alors fréquemment en proie à des crues dévastatrices.

La dramaturgie du déluge biblique (*Genèse 6-9*) reprend peu ou prou celle de ces mythes antiques : en protégeant un homme (Noé, dans la Bible), Dieu sauve in extremis l'humanité de l'extinction. Cet homme, devenu vigneron, s'enivre.

Cette dernière scène débute par la mention d'un nouvel acquis culturel : Noé découvre la viticulture — et l'ivresse (v. 20-21], Cham, son troisième fils, voit son père « nu, à l'intérieur de sa tente » ; ses deux frères, sans la regarder, couvrent alors la nudité de leur père (v. 22-23]. Une fois dégrisé (v. 24], et mis au courant, Noé maudit Canaan, le fils de Cham, et le condamne à être l'esclave des esclaves de Sem (le Juif) et de Japhet (le Grec) [v. 25].

Mais quelle est exactement la faute dont Cham s'est rendu coupable ? S'est-il uniquement agi d'un délit de voyeurisme ? Selon les textes du Levitique (Lv 20,11), *voir/découvrir la nudité/la honte de son père* signifie : « coucher avec la femme de son père »[5]. Il aurait donc pu s'agir à l'origine d'une tentative d'usurpation incestueuse. Ceci expliquerait aussi pourquoi ce n'est pas Cham, mais bien Canaan, le fils issu de cette relation coupable, qui a été maudit ainsi que sa descendance. Or, la violation de la prohibition de l'inceste est anthropologiquement une cause d'exclusion de la condition humaine. Exclusion par le haut, vers le Divin, lorsque les acteurs bénéficient de protections surnaturelles, comme le frère et la sœur chez les Pharaons. Exclusion par le bas, vers l'animalité, où la nature ne connaît pas la prohibition de l'inceste et s'oppose à la culture. La nature ne connaît pas le langage, non plus, ce qui est le cas des « Barbares ». Et elle ne pratique pas non plus l'échange des biens et des services, hormis l'auto-dépossession de son propre corps contre une alimentation de survie. Autrement dit, la nature ne connaît pas la valeur des choses, et leur appropriation par le premier venu est légitime. Dans ce contexte, comme le soutient Aristote, l'institution de l'esclavage est « naturelle », et on ne doit pas y toucher. Pour des causes diverses, dont la pratique de l'inceste (ou de l'anthropophagie, etc.), certains lignages sont génétiquement prédestinés à subir l'esclavage. C'est le cas du lignage de Canaan, fils de Cham.

Une sorte de sainte alliance est alors nouée, au nom du « Dieu de Sem » (une figure par ailleurs inconnue dans le reste de la Bible), entre Sem (les Juifs) et Japhet (les Grecs établis dans les régions du Levant) pour le contrôle social des « Cananéens » indigènes.

---

[5] Lévitique **20-11** « Quand un homme couche avec une femme de son père, il découvre la nudité de son père ; ils seront mis à mort tous les deux, leur sang retombe sur eux. »

L'esclavage-marchandise et l'avantage comparatif

Dans cette région, les mines de métaux sont abondantes et les monnaies sont d'un usage courant. Elles sont utilisées par les Hébreux et les Grecs, notamment dans l'achat-vente des enfants de la lignée maudite de Canaan.

Les populations visées semblent offrir peu de résistance. La mésestime de soi du fait de l'appartenance à un lignage discriminé sert d'autojustification à la docilité servile et soumise de ceux et celles qui ont « intériorisé » l'infériorité de leur condition. L'esclave-marchandise, acquis à « prix d'argent » apparaît ainsi en nombre dans la population active de Chios. Dans le monde grec les habitants de Chios sont réputés pour leur dureté excessive à l'encontre de leurs esclaves venus du Caucase. Leurs aptitudes à « maintenir l'ordre » dans un environnement spécifique à croissance démographique rapide, leur permettent de développer des réseaux stables de « traite » à travers le monde méditerranéen, en parallèle avec le négoce du vin. Ainsi les avances financières en matière d'esclavage se trouvent-elles reconstituées par les livraisons des produits de la vigne aux consommateurs d'une région de plus en plus vaste. L'avantage comparatif de ces productions sur l'île de Chios se renforce. Politiquement unifiée depuis le VIIe siècle avant notre ère, la cité-État, cinquième île de la mer Égée, d'une superficie de 830 Km^{2} (200 de plus que Singapour aujourd'hui), jouxte l'Asie mineure.

Aux qualifications viticoles des habitants réduits en servitude s'ajoutent des qualifications pour l'extraction minière, abondante dans cette région. Le caractère exceptionnel du commerce chiote dans l'ensemble de la Méditerranée se fonde sur la frappe d'une monnaie d'argent, dès le VIe siècle. Ce qui atteste l'intégration précoce de la cité dans une économie marchande méditerranéenne.

L'amphore et la vigne sont des emblèmes monétaires de la cité.

Les réseaux chiotes se fondent alors sur la maîtrise des routes maritimes en Méditerranée orientale, depuis la mer Noire jusqu'en Égypte dans le delta du Nil, mais aussi vers l'ouest, jusque dans le golfe de Tarente (chez les Sybarites) et en Étrurie. Dès la fin du VIIe siècle avant notre ère, la céramique chiote est attestée à Smyrne, en Phrygie, et en Lydie, en mer Noire, à Olbia ou Istros, comme en Étrurie ou en Grande Grèce.

Le développement de l'esclavage est ici le produit d'une spécialisation économique, centrée sur l'exploitation viticole et tournée vers l'exportation.

De nombreux récits grecs décrivent des entrepreneurs déployant « capacité de jugement » et goût du risque indéniables.

Les crus de l'île, tel *l'ariousios*, vin doux et moelleux, sont immensément renommés dans l'Antiquité.

Or, le modèle d'une viticulture spéculative à grande échelle suppose aussi le modèle d'un système esclavagiste de masse. Le simple asservissement local ou la réduction à l'état tributaire d'une population sédentaire ne permet pas la reconstitution des avances monétaires aussi aisément que le choix délibéré de recourir au commerce des esclaves, individuellement ou par lots.

Le recours massif à l'esclavage- marchandise se fonde sur la traite continue d'esclaves non grecs, culturellement dociles et soumis. Les auteurs des récits concernant Chios se complaisent à souligner les origines « barbares » de ces captifs acquis à prix d'argent qui doit être reconstitué. C'est la profitabilité du système servile qui stimule une économie marchande méditerranéenne en plein essor, en lien étroit avec les populations non grecques, caucasiennes et slaves, détentrices de qualifications viticoles ancestrales. Ces esclaves produisent eux-mêmes les marchandises dont la vente permet de reconstituer les avances financières faites par leurs maîtres pour se les approprier.

Tout se passe comme si dans cette région du monde une partie de la population s'était résignée à une servitude imposée de l'extérieur. Les textes de la Genèse exercent une influence énorme (à la fois positive et désastreuse) dans l'histoire de l'Occident.

Jusqu'au XXe siècle, la malédiction prononcée contre Canaan a servi à justifier, en Afrique comme en Amérique, la réduction en servitude de populations indigènes, l'esclavage, l'apartheid et, finalement, l'existence de peuples de seigneurs et de peuples esclaves, blancs, puis indiens, puis noirs.

Toutefois, on note d'un autre côté, l'idée de l'unité du genre humain qui devient une conviction finalement inaliénable, et même une doctrine irrévocable, dans toutes les communautés qui se rattachent à la souche biblique. La référence à cette souche conduit bien des siècles plus tard à l'abolition de l'esclavage.

CHAPITRE 2
ARISTOTE

Achille, héros esclavagiste

Le monde homérique n'est pas une société esclavagiste. Cependant, une histoire de l'esclavage en Grèce ancienne gagne à reconnaître à part entière le témoignage de la poésie homérique, ne serait-ce que comme premier document de justification idéologique de cette pratique.[6]

Le récit de la guerre de Troie engendre dans l'imaginaire européen des figures héroïques, féminines et masculines, modèles insurpassables. Mais il apparaît bien, ce qui est refoulé aux premières lectures, qu'Achille lui-même, le héros des Grecs, fait commerce des soldats troyens qu'il capture pour financer l'armée achéenne. Achille évoque lui-même, dans *l'Iliade, XXI 102*, le temps où il capturait ses ennemis pour aller les revendre au loin. Par ailleurs, il est largement suggéré dans *l'Iliade* que le commerce des prisonniers (vendus et pas seulement rançonnés) est une des ressources de la guerre des Grecs. L'idéologie qui refoule l'image d'un héros esclave, refoule aussi, et peut-être plus encore, celle du héros esclavagiste et marchand. Au *chant XXIV*, Hécube la Troyenne évoque les nombreux enfants qu'Achille lui a en-

[6] Bouvier David. La peur de l'esclavage comme peur refoulée dans l'Iliade. In: Fear of Slaves - Fear of Enslavement in the Ancient Mediterranean (Discourse, representations, practices). Rethymnon 4-7 november 2004; https://www.persee.fr/doc/girea_0000-0000_2007_act_29_1_991

levés dans la bataille pour aller les vendre dans des îles lointaines, à Samnos, Imbros ou Lemnos. Et Achille lui-même, au *chant XXI*, rappelle à Lycaon que le temps est révolu d'épargner les guerriers qu'il prenait pour aller les revendre.

L'éthique héroïque voudrait que le héros préfère la mort à l'asservissement, mais l'Iliade n'en révèle pas moins l'existence de prisonniers de guerre vendus comme esclaves. Ainsi voit-on des héros, sans doute peu glorieux, et plutôt Troyens que Grecs, supplier leur adversaire de les épargner contre une riche rançon. L'idéologie héroïque est-elle ici remise en cause ?

L'esclave homérique ne peut apparaître comme l'ancêtre direct de l'esclave- marchandise de type classique. Sans doute est-il aussi incontestable que le monde homérique n'est pas celui d'une opposition tranchée entre hommes libres et esclaves, ne serait-ce qu'en raison de l'ambiguïté du vocabulaire de la servitude. Peu importe qu'il s'agisse de soldats captifs ou de populations civiles razziées. Le fait que des héros puissent en faire un commerce lui en retire tout caractère honteux et infâme. L'esclavagisme est pour ainsi dire légitimé.

Aristote et les débuts de l'invisibilité

Pour Aristote, le bonheur suppose la disposition de biens matériels afin de satisfaire les besoins du corps et de permettre, ce qui est primordial dans la Cité, l'exercice des activités de l'esprit par les hommes libres. De toute évidence, le bonheur ne saurait se passer des biens matériels, donc « extérieurs ». En effet, il est impossible ou tout au moins difficile de bien agir si l'on est dépourvu de ressources.

La culture du corps est une de ces ressources essentielles au statut de la liberté. Or, les plus anciennes lois sur les esclaves du monde grec, sans doute des captifs slaves originaires du Caucase, au début du VIe siècle avant notre ère, leur interdisent l'accès aux Gymnases. Leur corps, qui ne leur appartient pas, doit demeurer « invisible » dans la Cité. Les « travailleurs » esclaves sont discriminés par rapport aux citoyens libres.

Aristote précise d'ailleurs que la quantité de biens matériels nécessaire au bonheur est d'autant plus *faible* que l'individu est meilleur. « Car la vie heureuse, écrit-il, requiert « un certain accompagnement de biens extérieurs, en quantité moindre pour les individus doués de meilleures dispositions, et en quantité plus grande pour ceux dont les dispositions sont moins bonnes. » La vertu serait de se passer de choses matérielles, peut-être aussi pour pouvoir ainsi, grâce à la frugalité et à la sobriété des citoyens, se passer d'esclaves.

Néanmoins, des biens « extérieurs », matériels, sont toujours nécessaires.

Le travail nécessaire dans la condition humaine

Or, la production des biens nécessaires à l'existence et à l'activité humaine exige un travail pénible qui en lui-même est incompatible, selon Aristote, avec la fin véritable de l'homme. Le travail est proprement *inhumain.*

« Si chaque instrument pouvait, par ordre ou par pressentiment, accomplir son œuvre propre, si, pareilles aux statues légendaires de Dédale ou aux trépieds d'Héphaïstos qui, au dire du poète, pouvaient d'eux-mêmes entrer dans l'assemblée des dieux. Si les navettes tissaient d'elles-mêmes et les plectres jouaient de la cithare, alors les maîtres d'œuvre n'auraient nul besoin de manœuvres ni les maîtres d'esclaves » *(Aristote, Politiques, I, 4, 3, 1253b 31 .)*

On aurait pu souligner le rôle central des attitudes des propriétaires fonciers orientés vers la rente plutôt que le profit, et la tendance au gaspillage, au luxe et à la prodigalité plutôt qu'à la production, à la rationalité économique, et à l'innovation.

Heureusement, l'esclavage existe

Aristote pense que la solution est donnée dans une institution qui existe déjà : *l'esclavage.*

La fin véritable de l'homme est l'activité mentale de la pensée, mais il faut bien que des hommes (ou des femmes) travaillent physiquement, alors il semble qu'il y ait là une contradiction. Pourtant, Aristote pense que le monde obéit dans toutes ses parties à une hiérarchie parfaitement ordonnée. Il ne peut comporter une semblable contradiction. Celle-ci n'est qu'apparente.

En effet, il existe de très grandes différences parmi les hommes. Certains diffèrent à peine des animaux et sont tout juste capables d'obéir avec un peu plus d'intelligence que ceux-ci. Aristote va jusqu'à écrire qu'ils ne bénéficient pas de la « station droite ». La nature veut que ces sous-hommes soient esclaves des individus mieux doués et qu'ils prennent en charge le travail de la production des biens les plus bassement matériels, et notamment des soins à apporter au cheptel animal.

Par exemple, au sein de la société scandinave, les recherches actuelles mènent à penser que leur position inférieure rend souvent les esclaves archéologiquement « invisibles ». Cependant, les fouilles commencent à livrer des aperçus de leurs conditions de vie. Si certains esclaves vivaient vraisemblablement dans la bâtisse principale de la ferme de leurs maîtres, on a découvert que plusieurs étables étaient équipées de cheminées, ce qui indiquerait une occupation humaine autant qu'animale. On peut en trouver une preuve - incertaine, mais qui permet tout de même d'élaborer des hypothèses- au Danemark, où une « maison longue » et son étable furent détruites par un incendie à l'âge du fer (période préromaine). Suite au sinistre, la structure fut enterrée sous un monticule, ensevelissant un certain nombre d'animaux et cinq êtres humains dans l'étable. Ils semblent être décédés dans leur sommeil. Ces individus étaient peut-être des esclaves logés à l'étable, qui vivaient auprès des animaux dont ils devaient s'occuper. Ainsi, l'étable danoise abritait du bétail et des esclaves, sans doute d'égale valeur pour le propriétaire des lieux.

(C'est le cas de l'Oncle Tom, *dans La Case de l'oncle Tom*, grand roman américain anti-esclavagiste de Harrriet Beecher-Stowe, publié en 1851 ; l'esclave vit en fait dans un réduit au-dessus de l'écurie [7]).

Le caractère « naturel » de l'esclavage

Quand des hommes diffèrent entre eux, autant qu'une âme diffère d'un corps et un homme d'une brute ou d'un palefrenier, ceux-ci sont *par nature* des esclaves.

Ceux chez qui tout travail consiste simplement dans l'emploi de la force musculaire sont d'une condition inférieure et c'est là d'ailleurs le meilleur parti qu'on peut tirer d'eux. Pour eux, il est préférable et même avantageux, d'être soumis à l'autorité d'un maître.

Dans ce tableau, des nuances peuvent être introduites. À propos des « prises de guerre » et des captifs, Aristote précise que l'esclavage ne peut pas être justifié par le pouvoir qu'aurait le vainqueur dans une guerre de réduire le vaincu en esclavage, car « on ne saurait reconnaître d'aucune manière que l'homme qui ne mérite pas d'être esclave soit esclave ».

[7] Becker-Stowe,Harriet. *La case de l'oncle Tom.* Éd. Bias. 1987 221 p.

Seule l'infériorité naturelle de certains hommes justifie l'esclavage. Cette tentative pour introduire une norme morale dans l'institution de l'esclavage préfigure les discussions à venir sur les modalités de l'affranchissement.

L'appréciation de la « marchandise »

La physiognomonie, savante ou vulgaire, ne manque pas dans la plupart des sociétés esclavagistes. Elle attribue au corps, à sa beauté ou à sa santé, la capacité de refléter les caractères et les qualités morales. Elle se retrouve bien souvent dans les actes de la pratique d'achat-vente. En Chine, un millénaire après Aristote, dans les contrats de vente de la fin de la période Ming (1368-1644), l'empreinte des doigts de la main de l'esclave - droite pour les femmes, gauche pour les hommes - garantit la légalité de la mise en servitude. La chiromancie est alors censée pouvoir distinguer un véritable et authentique dépendant servile d'un individu abusivement asservi, attestant par là même la naturalité et la légitimité de l'esclavage.

La pensée physionomiste est directement issue de la théorie de l'esclavage par nature de la *Politique* d'Aristote. Dans les représentations figurées des esclaves de l'Antiquité gréco-romaine il n'y existe pas de morphotype servile à proprement parler, les images de la céramique athénienne de l'époque classique (V^e-IVe siècles avant notre ère) attestent la volonté de mettre en scène l'infériorité des esclaves. La nudité, la taille réduite, la grossièreté des traits, la disgrâce du visage (mais pas la couleur de la peau) sont autant d'éléments par lesquels sont singularisés les esclaves. De même, les discours physiognomonistes justifiant l'esclavage sont particulièrement nombreux dans la littérature arabe médiévale et moderne. Imprégnés de références au texte d'Aristote et à la médecine antique, les traités de physiognomonie, depuis l'ouvrage d'Al-Rhazi (début du

Xe siècle), ne cessent d'évoquer la situation esclavagiste pour associer certaines qualités humaines et la réalisation de certaines tâches à un ensemble de phénotypes observables à l'œil nu. Dans la littérature ottomane, *hfirasa* se présente d'ailleurs comme une technique de divination qui examine l'état moral d'un individu à partir de signes extérieurs, et Hayri Ôzkoray a montré qu'elle donnait lieu à partir du XVe siècle à de nombreux traités qui se présentent aussi comme pouvant servir de guide pour les acheteurs d'esclaves.

L'affranchissement, pouvoir du maître

Aristote note d'ailleurs que le principe qui veut que seul l'homme inférieur soit esclave est souvent contredit par les faits :

« La nature tend assurément aussi à faire les corps d'esclaves différents de ceux des hommes libres... pourtant le contraire arrive fréquemment aussi : des esclaves ont des corps d'hommes libres et des hommes libres des âmes d'esclaves. » Comment le philosophe peut-il admettre alors que l'esclavage soit acceptable et rationnel ? Pour le comprendre, il faut remarquer tout d'abord que dans son écrit consacré à l' « économique », c'est-à-dire à la vie domestique, il indique que le maître, non seulement peut, mais doit dans certains cas, affranchir un esclave.

D'autre part, écrit-il, il faut toujours assigner un terme au travail des esclaves. Il est juste et avantageux, en effet, de poser devant eux la liberté comme prix de leurs peines, car les esclaves acceptent volontiers la fatigue quand ils ont une récompense en vue et que leur temps de servitude est limité.

La libération décidée par le maître peut donc remédier aux erreurs de la vie sociale qui ont fait esclaves des individus capables de mener une vie d'hommes libres.

Est-ce que le philosophe estime que l'on puisse de manière crédible compter sur la bienveillance et l'esprit de justice des maîtres pour appliquer ce remède dans une mesure suffisante ? Cela parait en réalité fort douteux. Il faut donc penser que, pour Aristote, le maintien dans l'esclavage d'individus qui ont une nature d'hommes libres correspond à l'un de ces nombreux « accidents » qui existent dans le monde et qui ne peuvent être véritablement expliqués et justifiés. Pour le philosophe, l'existence de ces accidents n'empêche pas de penser que le monde est soumis, pour l'essentiel, à un ordre que l'on doit respecter.

La prohibition du commerce

La nature dicte donc à l'homme un premier enseignement, qui consiste en ce que le travail de production doit être confié à des esclaves. Mais un second enseignement de la nature, non moins important, est qu'il convient de proscrire de la Cité le commerce et les activités financières. Aristote, qui nous paraît résigné et humainement si peu exigeant dans sa théorie de l'esclavage s'indigne ici au contraire bien davantage que la plupart des « progressistes » modernes.

Quels sont en effet, dit-il, les modes naturels de l'acquisition des biens : c'est l'agriculture, l'élevage, la pêche, la chasse et même le brigandage qui est une sorte de chasse. Dans toutes ces activités, souvent confiées aux esclaves, il y a appropriation par l'homme des autres êtres vivants et « c'est nécessairement en vue de l'homme que la nature a fait tous les êtres vivants ». Les esclaves font partie de ces êtres appropriables par l'homme. Certaines activités leur sont réservées (pêche, attraper les oiseaux à la glu, par exemple).

En revanche, le commerce est une manière non naturelle, et donc blâmable, d'acquérir des biens.

Certes l'échange en lui-même n'est pas condamnable. Il découle naturellement du fait de la diversification des besoins et de la spécialisation des producteurs. Toute chose peut être utilisée de deux manières, soit directement, en raison de ses qualités particulières, soit comme moyen d'échange. On peut échanger par voie de troc, sans faire usage de monnaie. Mais quand s'est développé l'échange entre des pays éloignés, l'usage de la monnaie a tout naturellement fait son apparition, car il est plus facile de transporter des pièces métalliques que divers objets encombrants ou fragiles.

La monnaie et l'esclavage-marchandise

La monnaie permet le développement d'une activité qui consiste à utiliser de l'argent pour faire des échanges et en retirer le maximum de profit. Autrement dit, l'avance monétaire engagée dans le processus des échanges doit être au moins reconstituée à l'issue du processus. Si la quantité de monnaie obtenue alors est supérieure à la quantité avancée au préalable, alors le profit est là. Ce qu'Aristote n'envisage pas, c'est de « généraliser » la pratique. Dans la Cité, toutes les avances décidées individuellement doivent être simultanées au niveau collectif pour faire naître le marché et le profit. Il faut que B se décide à faire une avance sur ses recettes prévues pour que A puisse lui « vendre » sa marchandise, et inversement. Cette institution du marché nous écarte graduellement de la nature. Elle se renforce avec la traite des êtres humains réduits en servitude. Le modèle de développement de l'île de Chios, déjà évoqué, à partir du VIe siècle avant notre ère, apporte des éléments de preuve. Pour Aristote les besoins en monnaie s'avèrent illimités et il faut rigoureusement proscrire de la Cité les échanges qui les engendrent et détournent l'homme libre de la vertu.

Que l'esclavage soit facilité par l'échange monétaire sans limite ne semble pas être étranger à la méfiance du philosophe grec à l'encontre des négociants. À la fois plutôt bienveillant envers l'affranchissement des esclaves et très critique à l'encontre du commerce mercantile, Aristote ne va pas jusqu'à envisager l'abolition de l'institution elle-même en même temps que le rejet des pratiques commerciales hors les murs. Ce serait remettre en cause l'ordre « naturel » immuable des choses.

D'autant que les membres de la jeunesse dorée d'Athènes, immoralistes, infatués d'eux-mêmes, sont plutôt sans gêne, sans vergogne, sans scrupule et se proclament imperméables à la honte. Ils disent (à Socrate, pour commencer) que les êtres supérieurs doivent dominer leurs inférieurs. Les lois de la cité, dit Calicles, leur représentant emblématique chez Gorgias à Athènes, inspirées par des philosophes incompétents relèvent du ressentiment ou d'une morale d'esclave, d'une aversion mesquine à l'encontre des êtres d'exception qui sont leurs héros.

Ils défendent le « droit du plus fort » comme seul credo.

Ils font de la nature le véritable étalon de la politique. Comme dans la jungle, la nature donne aux êtres supérieurs le droit de dominer et d'exploiter. Tout le reste (morale, justice et conventions) n'est que manipulations et ruses de la masse populaire.

La conquête romaine de la Grèce, avec la collaboration de ces élites propriétaristes des Cités, contribue à banaliser les droits privés de l'individu. La propriété devient un droit ouvert à tous. La possession d'un être humain est juridiquement établie ainsi que celle de toute sa production et de sa de sa progéniture Telle est la « naturalisation » imposée dans les esprits pour longtemps, aux lignages dits « inférieurs », par les lignages dits « supérieurs ».

Le roi de Sparte Nabis, ayant banni les riches et distribué leurs biens aux hilotes et aux esclaves (début du IIe siècle avant notre ère), les Romains lui déclarent la guerre et, après leur victoire, exigent que les anciens propriétaires rentrent en possession de leurs biens. Le pouvoir impérial de Rome put dès lors s'exercer sans entraves en Grèce.

CHAPITRE 3
LES HÉBREUX, LES STOICIENS ET LES CHRÉTIENS

Dans le monde gréco-romain puis dans le monde judéo-chrétien, l'institution de l'esclavage renforce son ancrage dans les profondeurs des représentations sociales et de l'imaginaire collectif. Elle est refoulée parfois, mais jamais éradiquée totalement malgré les prohibitions.

Après avoir été inscrite dans l'ordre « naturel » par le premier monde, elle l'est dans l'ordre « surnaturel » dans le second.

De tous les peuples de l'Antiquité, les Hébreux sont les plus prolifiques au sujet de l'esclavage. La Bible en raconte l'origine dans la Genèse, interprétation sacrée des origines de l'humanité. « Maudit soit Canaan (fils de Cham) ! qu'il soit l'esclave des esclaves de ses frères ! » prononce Noé, seul être humain survivant du Déluge.

Loth et ses deux filles

Fils de Haran et neveu d'Abraham (Genèse, XI, 27 ; XX, 12) dans la généalogie biblique des patriarches postdiluviens, Loth émigre avec Abraham en Canaan (XI, 31 ; XII, 4) avant de s'établir dans la région du Jourdain (XIII, 1-12) ; le dénouement du drame de Sodome (XIX) et, d'autre part, la fortune de la race d'Abraham s'y préparent d'une façon vigoureuse.

Le chapitre XIX de la Genèse rapporte comment Dieu a détruit Sodome (et Gomorrhe) et épargné Loth et ses deux filles. Cette séquence est probablement le fragment d'un mythe de destruction de l'humanité. L'aînée dit à la cadette : « Notre père est âgé et il n'y a pas d'homme dans le pays pour s'unir à nous à la manière de tout le monde. » Loth et ses filles étaient les seuls survivants du désastre (universel), tout comme Noé et les siens l'avaient été du Déluge. Comme celle de Noé, la justice de Loth a été louée par la tradition postérieure : Sagesse, X, 6 ; Ecclésiastique, XVI, 8-9 ; II Pierre, II, 6-8. Le récit de Genèse, XIX, se termine par l'union incestueuse de Loth avec ses deux filles et par la naissance de deux fils qui seront les ancêtres des deux ennemis traditionnels d'Israël : les Moabites et le Ammonites. Moab signifie « issu du père » et Ammon signifie « fils de ma parenté ». Plusieurs textes appartenant à la littérature rabbinique établissent un lien entre la vocation de Ruth, la Moabite, et l'inceste relaté dans Genèse, XIX, 31-37.

Lors des guerres qui opposent les différents lignages, la réduction en esclavage des captifs provenant de ceux qui sont issus de l'inceste est sans doute la plus rigoureuse. Aucun affranchissement n'est envisageable. Le « péché » de l'inceste originel est rédhibitoire et le restera longtemps.

L'esclave éligible à l'affranchissement

Au retour de leur exil à Babylone, on compte dans le peuple hébreu plus de 7 000 « serviteurs » pour 42 000 personnes. [8] Les textes distinguent les esclaves hébreux et les autres, notamment les canaanites. Ceux-ci sont discriminés. Dans la communauté. Ils ne sont jamais affranchis, alors que les esclaves hébreux, de la même religion que leurs

[8] Grenouilleau, O. *Christianisme et esclavage*. Gallimard 2021 p.17

maîtres, peuvent être libérés au bout de sept ans, lors de célébrations sabbatiques, ou de cinquante ans, lors des célébrations de jubilés, en même temps qu'on annule les dettes. Cependant, il n'est pas sûr que les règlements plutôt bienveillants pour les coreligionnaires soient réellement appliqués. La lecture de Samuel (Livre des Rois) montre qu'aux temps de David et de Salomon nombreux peuvent être ces hébreux esclaves à perpétuité, achetés, capturés, volontaires (pour rembourser des dettes) ou nés captifs. Il est difficile, à partir des textes, de statuer sur la manière dont ils sont réellement traités. Si un esclave meurt de la main de son maître, ce dernier « subira la vengeance ». Mais si l'esclave « survit un jour ou deux il ne sera pas vengé, car il a été acquis « à prix d'argent ». Hébreu ou pas, le traitement est identique pour toutes les victimes de maltraitances. Les règles visant à atténuer la cruauté des propriétaires sont réitérées fréquemment dans les commentaires, ce qui signifie qu'elles restent lettre morte, ce qui est un marqueur de l'impérieuse nécessité de préserver la ressource. La dureté du propriétaire israélite, même à l'égard de ses « proches », peut s'expliquer par la réminiscence des conditions de vie du peuple hébreu en captivité. Les Israélites sont « contraints au travail » par les Égyptiens, qui leur rendent « la vie amère par de durs travaux ; préparation de l'argile, moulage des briques, divers travaux des champs » (Exode, 1, 13-141). Leur espérance est qu'Ils sont asservis par des hommes mais seront libérés « surnaturellement » par Dieu. En attendant, l'apprentissage du travail « *inhumain* » finit par laisser des traces et par inculquer une certaine accoutumance à la sévérité de l'encadrement.

De la production dans la souffrance au service des Égyptiens, les anciens asservis retiennent que le système productif comporte une incontournable violence quand il s'agit de satisfaire les besoins humains et de garantir les approvisionnements de la société des maîtres.

Deux sectes sans esclaves

Aussi des prophètes compatissants dénoncent-ils la réduction en esclavage des coreligionnaires. Mais ils ne condamnent pas l'institution elle-même. En ces temps-là, très rares sont les communautés qui abolissent l'esclavage en leur sein.

Citons les Esséniens, dans le désert de Judée et les Thérapeutes, en Egypte. La pratique de l'esclavage est prohibée à l'intérieur de la secte. Mais elle n'est pas critiquée chez les autres. La production y est réduite aux biens essentiels. Les richesses matérielles sont méprisées. Ceci explique cela : pas de pulsions ostentatoires, pas de besoins d'esclaves, et pas de despote, non plus (*Despotès* signifiant maître des esclaves en grec).

Hormis ces deux exemples, toutes les nations d'Israël et leurs voisines règlementent l'esclavage dans leurs relations réciproques.

Différenciation des traitements

En Israël il est écrit que l'on ne renverra pas à son maître un esclave en fuite (Deutéronome, 23, 16). Pourtant, tous les traités d'alliance du Proche-Orient ancien connus stipulent que les parties prenantes se restitueront mutuellement les esclaves révoltés ou en fuite. Ou encore, une disposition interdit l'enlèvement d'un Israélite libre.

Lévitique (25, 39-54) va plus loin, en réservant l'esclavage d'un Israélite « à titre de propriété perpétuelle » aux non-coreligionnaires. [9]

[9] LÉVITIQUE **26** « [44] Quant aux serviteurs et servantes que tu devrais avoir, vous les achèterez chez les nations qui vous entourent ; 45- vous pourrez aussi en acheter parmi les enfants des hôtes venus s'installer chez vous, ou dans un de leurs clans, habitant chez vous après qu'ils ont fait souche dans votre pays. Ils seront votre propriété [46] que vous laisserez en héritage à vos fils afin qu'après vous ils les possèdent en toute propriété. Eux, vous pourrez les asservir à tout

La règle est que l'on peut faire la différence entre les individus dont la captivité définitive et la marchandisation sont permises et ceux dont la liberté doit à terme l'emporter. Cette distinction possible entre certains esclaves, aussi envisagée par Aristote, est une forme élémentaire de moralisation. Il devient possible de justifier l'affranchissement, autrement dit de porter atteinte au droit de propriété et à « l'intégrité de l'outil productif » pour une raison morale qui dépasse l'ordre naturel, quand il s'agit, par exemple, d'un(e) coreligionnaire ou d'un(e) compatriote.

La réduction en esclavage par les Romains

De nombreux Judéens libres sont réduits en esclavage sous l'occupation romaine.

Ces Judéens asservis peuvent être vendus sur les marchés aux esclaves locaux, ou à l'étranger. Il semble que des milliers d'entre eux aient été emmenés à Rome.

Flavius Josèphe rapporte que vers 52-51 avant notre ère, Cassius, en route pour la Judée, « prend Tarichée, où il réduit 30 000 Juifs en esclavage » {Guerre des Juifs 1.8.9,180). Environ dix ans plus tard, lorsqu'il cherche à accroître sa puissance à l'est, Cassius vend les habitants de Gophna, Emmaüs, Lydda et Thamna en tant qu'esclaves. Après la prise de Japha, en Galilée, en l'an 67 de notre ère, Titus en tue tous les hommes et vend plus de 2 000 femmes et enfants comme esclaves. À Tarichée, Vespasien exécute les habitants âgés et malades, et réduit en esclavage plus de 30 000 Juifs valides et en bonne santé. Des milliers de captifs de guerre deviennent esclaves.

Les prisonniers les plus forts sont affectés aux rudes travaux des mines ou des chantiers de construction, tandis que

---

jamais, mais vos frères, les fils d'Israël... [d], personne chez toi ne dominera son frère avec brutalité. »

les femmes sont vouées à la reproduction naturelle des esclaves.

Les Judéens réduits en esclavage perdent non seulement la propriété de leur corps, mais aussi leur religion et leurs liens familiaux. Certains sont envoyés à Rome ou dans d'autres provinces éloignées, loin de leurs origines judéennes. Ainsi, la communauté juive romaine des premiers siècles de l'ère chrétienne est largement composée de descendants d'esclaves affranchis. Leur principal objectif est de s'intégrer à la société romaine.

Le droit rabbinique de l'esclavage fourmille d'éléments de savoir-faire et de savoir-vivre dans un contexte esclavagiste.

Après la destruction du Temple en 70 de notre ère, les rabbins deviennent la principale autorité religieuse en Palestine romaine. La littérature rabbinique (la *Mishnah*, la *Tosefta*, le *Talmud* palestinien ou Talmud de Jérusalem, et les *Midrashim*) indique que les rabbins sont bien au fait de la réduction en esclavage des Juifs par les Romains ainsi que de la possession par des Juifs d'esclaves juifs et non juifs. La plupart des textes rabbiniques qui évoquent l'esclavage se réfèrent à des esclaves domestiques employés au sein de familles. Les rabbins élaborent des règles juridiques complexes (*la halakha*) qui encadrent de nombreux aspects des rapports entre le maître de maison et ses esclaves. Ils considèrent l'institution de l'esclavage comme normale, mais s'efforcent de convaincre les Juifs propriétaires de faire preuve de bienveillance.

Les stoïciens, des révoltes à la défense de la propriété

Pour les Stoïciens, la contrainte des corps n'empêche pas l'esprit d'être libre. Tous les êtres humains relèvent d'une même humanité, mais l'institution de l'esclavage, liée à celle de la propriété individuelle, ne doit pas être remise en cause. L'extension de la domination romaine fait prendre à l'esclavage des proportions considérables. Il ne s'agit pas d'un long fleuve tranquille. Des révoltes d'esclaves impressionnantes jalonnent cette période.

Au IIIe siècle avant notre ère, hors Empire Romain, sur l'île de Chios, la révolte de Drimakos mène à la fondation d'un Royaume autonome, qui ne survit pas à son fondateur. Les poètes racontent que sa tête ayant été mise à prix, il se fit décapiter par son jeune amant dont il avait fait son héritier, lui recommandant de toucher la récompense.

Pendant la période hellénistique, des esclaves qui exploitaient le plomb de Laurion (sur la côte sud-est de l'Attique) en 104 de notre ère organisent une insurrection qui s'éteint quatre ans plus tard.

Les révoltes serviles dans la Rome antique mieux renseignées et fort nombreuses, apparaissent comme une menace croissante pour l'ordre esclavagiste. En 501 av. notre ère, l'oligarchie romaine est attaquée par une coalition d'esclaves et de plébéiens révoltés.

En 460 av. notre ère, le Capitole est pris d'assaut par 2500 esclaves. De 260 à 217, dates des Guerres puniques opposant Carthage et Rome, de nombreux esclaves se révoltent, suivis par des soulèvements en 198 à Setia et à Préneste, en 196 en Étrurie puis en 185 en Apulie. Si les forces répressives sont toujours parvenues à leurs fins, un mouvement croissant de révoltes s'affirme, provoquant un véritable « cauchemar » pour les possédants des villae, des latifundia et des mines. De 140 à 132, la Sicile est le théâtre d'importantes insurrections. Les insurgés y bâtissent un régime politique à la tête duquel est porté le roi Eunous. Des territoires d'Agrigente jusqu'à Henna, et Morgantina, une monnaie est créée ainsi qu'une armée. La révolte fait écho au cœur de Rome, où, en 133 av. notre ère, le mouvement des Gracques mené par Tibérius Sempronius Gracchus fait voter une réforme agraire radicale (Lex Sempronia). Cette loi prévoit la redistribution de terres du domaine public (accaparées par l'aristocratie foncière) aux paysans et citoyens pauvres. Elle se fonde aussi sur une certaine liberté du travail. La législation ne sera jamais appliquée et son auteur est assassiné lors d'une émeute organisée par des patriciens. Un an plus tard, le consul Rupilius met fin à la première expérience insurrectionnelle en Sicile. L'historien grec Diodore de Sicile raconte que les révoltés avaient monté « des scènes mimétiques qui représentaient la rébellion des esclaves contre leurs maîtres, montrant l'insolence orgueilleuse de ces derniers, et le terrible châtiment qui en était la conséquence.

Vers 105, des esclaves de Sicile se soulèvent sous la conduite de Salvius qu'ils désignent comme roi. Celui-ci bat plusieurs généraux romains et s'empare de la ville de Triocala. Cependant, Salvius meurt et son successeur Athénion est vaincu en 101.

Rome applique aux esclaves en Sicile, un régime de terreur : tout esclave trouvé porteur d'une arme quelconque est mis à mort.

La plus importante révolte d'esclaves se produit en 73-71 avant notre ère sous la direction de Spartacus. Celui-ci, d'origine thrace (Bulgare), avait été vendu à un organisateur de combats de gladiateurs de Capoue. Avec quelques compagnons, il s'enfuit et groupe autour de lui un grand nombre d'esclaves. Ils traversent l'Italie du Sud vers le Nord, puis redescendent vers le Sud sans avoir attaqué Rome. Finalement ils sont battus par une armée romaine. Spartacus est tué dans le combat. Les 6 000 esclaves qui se rendent sont pendus ou crucifiés le long de la route qui va de Capoue à Rome.

Après la défaite de Spartacus, il n'y aura plus de grandes révoltes d'esclaves blancs avant celles des esclaves noirs et créoles du XVIe siècle (Sao-Tomé). Mais la république romaine cède la place à l'Empire, établi par Auguste en 27 avant notre ère.

L'Empire Romain et l'esclavage de plantation

Désormais toutes les libertés politiques sont abolies. L'Empire appartient à un maître absolu qui le plus souvent obtient le pouvoir par la force.

La division de la société en classes est cependant maintenue. Au premier rang se trouvent les sénateurs qui possèdent au moins un million de sesterces. Le Sénat ne possède plus aucun pouvoir véritable. Il doit se contenter d'enregistrer les décisions de l'empereur. Les autres citoyens romains forment une plèbe remuante que l'on apaise par des distributions de blé et par des spectacles (« panem et circenses », du pain et des cirques). Les étrangers sont traités plus ou moins bien suivant leur origine. Enfin les esclaves sont soumis au régime le plus dur ; le meurtre d'un maître par un esclave entraîne l'exécution de tous les esclaves du maître.

L'État organise sur ses terres de grandes exploitations. Il favorise ainsi la concentration des exploitations agricoles et le développement d'un type esclavagiste de plantation. Dans ce modèle économique, qui se substitue peu à peu à l'esclavage domestique, tout le produit est affecté à la reconstitution des avances.

Les stoïciens défenseurs de la propriété

Les philosophes stoïciens affirment que toute propriété est légitime, quelle que soit son étendue, du moment qu'elle est acquise conformément au droit. « Il n'y a pas de pire calamité, écrit Cicéron, qu'un discours criminel qui réclame l'égalité des biens ». En particulier, il convient d'organiser la propriété du maître sur la personne de l'esclave. « La science des maîtres, c'est l'emploi des esclaves ; être maître ne consiste pas à acquérir des esclaves mais à savoir se servir des esclaves ». Par cette maxime, Aristote, *Politique, I,4*, résume l'économie de l'esclavage telle qu'elle fonctionne encore sous Cicéron, au sein des institutions romaines.[10]

Le maître peut s'approprier par la contrainte, par la pression morale et par un réseau serré de régulations publiques, la force de travail (gratuite), les productions de biens et de services et la descendance de l'esclave. Celui-ci devient aussi un signe extérieur de richesse.

Chez Sénèque, au même Ier siècle de notre ère, apparaît une expression caractéristique de la nouvelle attitude en face de la richesse. Essayant de maintenir l'idéal d'un sage indifférent aux hasards du monde, il affirme néanmoins que ce sage ne doit pas fuir les richesses. « Le sage, écrit-il, ne se croit pas indigne des dons de la fortune ; il n'aime pas les richesses, il les préfère (à la pauvreté) ; il ne les accueille pas dans son cœur, mais dans sa maison ; il ne rejette pas celles qu'il possède, il les domine et veut qu'elles fournissent à sa vertu une plus ample matière. »

« Or peut-on douter que le sage ait une plus ample matière pour développer ses qualités au milieu des richesses que dans la pauvreté ? « Car dans celle-ci il n'y a qu'un genre de vertu, ne pas fléchir ni se laisser déprimer ; au milieu des richesses, la tempérance, la libéralité, le discernement, l'économie, la magnificence ont le champ libre. ».

« Les richesses donnent au sage la même impression joyeuse qu'au navigateur un vent favorable ou qu'une belle journée, un lieu ensoleillé, dans les froids de l'hiver... »

---

[10] Daubigney Alain. Contribution à l'étude de l'esclavagisme : la propriété chez Cicéron. In: Texte, politique, idéologie : Cicéron.
Pour une analyse du système esclavagiste : le fonctionnement du texte cicéronien. Besançon 4 mars 1975;
https://www.persee.fr/doc/girea_0000-0000_1976_act_6_1_1071

« Cesse donc d'interdire l'argent aux philosophes ; personne n'a condamné la sagesse à la pauvreté. Le philosophe possédera une grande fortune, mais qui n'aura été enlevée à personne, ni souillée du sang d'autrui, sera acquise sans faire tort à qui que ce soit, sans gains sordides, sortira aussi honorablement qu'elle sera entrée et ne fera gémir que les malveillants. Entasse-la aussi haut que tu voudras : elle est honorable si, renfermant bien des choses que chacun voudrait dire siennes, elle ne comprend rien que quelqu'un puisse dire sien... »

Il faut savoir que Sénéque avait lui-même accumulé une immense fortune par des moyens que ses adversaires critiquent, notamment « la chasse aux testaments ».

Le règne de la propriété illimitée et sans contrôle, y compris celle de l'homme par l'homme, est imposé par Rome à l'ensemble du monde méditerranéen. En Grèce, notamment, Rome met fin brutalement à toutes les tentatives menées en vue d'apaiser les luttes sociales par la diminution des inégalités.

La transition vers le christianisme

Les stoïciens n'ont pas de considération pour l'homme incapable de résister à ses passions. C'est bien pire que le fait de vivre physiquement dans les chaînes de la servitude. Au mieux, certains stoïciens, comme Sénèque, contemporain du Christ et de Saint Paul, prônent un traitement « humain » des esclaves en allégeant les châtiments corporels.

Les Chrétiens, théologiens de la servitude

Le christianisme ne remet pas en cause l'esclavage, c'est même cette institution qui caractérise l'unité du genre humain. La veille de sa Passion, le Christ lave les pieds de ses disciples et leur dit : « Si donc je vous ai lavé les pieds, moi le Seigneur et le Maître, vous aussi vous devez vous laver les pieds les uns aux autres. C'est un exemple que je vous ai donné. En vérité, en vérité, je vous le dis, l'esclave n'est pas plus grand que son Maître, ni l'envoyé plus grand que celui qui l'a envoyé (*Évangile selon Saint Jean, 13,12-16). »* La servitude peut être terrestre ou divine, ou les deux à la fois, au libre choix de la personne.

La doctrine est écrite par Saint Paul (*Lettre aux Galates, 3,22-29*) :

> « Il n'y a plus ni juif ni Grec, ni esclave, ni homme libre, il n'y a plus l'homme et la femme, car tous, vous ne faites plus qu'un dans le Christ Jésus ».

Le christianisme ne permet pas de tirer de conclusions politiques. Saint Paul appelle chacun à se détacher des soucis de la vie terrestre (qui semble menacée à court terme et ne mérite pas qu'on y attache de l'importance) et à se préoccuper de son propre salut éternel.

Cependant, Saint Paul écrit aussi :

> « Et l'Esprit que Dieu avait promis, c'est la première avance qu'il nous a faite sur l'héritage dont nous prendrons possession au jour de la délivrance finale, à la louange de sa gloire *(Lettre de Saint Paul aux Ephésiens Epitre 1, 3-14) ».*

L'avance n'est pas un don. Elle doit être reconstituée. La doctrine impliquerait-elle que le Salut passe par la prise de possession d'un « héritage » ? Et de quoi l'héritage serait-il lui-même le fruit, sinon de son élaboration par le travail des hommes ? Les maîtres et les esclaves sont conjointement attelés ensemble à la reconstitution de l'Avance. Que les maîtres soient charitables et bienveillants, qu'ils dominent leurs passions, et que les esclaves soient humbles et obéissants, dit Saint Paul. Tous les hommes sont serviteurs de Dieu. S'ils refusent l'assujettissement divin, ils sont esclaves du péché. Ils dérogent à l'unité du genre humain. La doctrine paulinienne ancre dans la culture des convertis la perspective glorieuse de la reconstitution de l'avance de l'Esprit transformée en héritage commun.

Approche théologique de l'avance

Cette doctrine paulinienne a une implication : pour reconstituer l'avance, il faut « produire » plus que ce qu'elle représente. Par exemple, si l'avance est de 1000, et si le gain est de 10%, alors le produit doit être de 10 000 pour pouvoir la reconstituer.

L'avance ainsi intériorisée devient motrice d'un processus où la Demande qu'elle engendre est le stimulant moral de sa propre reconstitution au moyen de l'Offre. Encore faut-il que celle-ci soit à la hauteur.

Trois modalités de reconstitution de l'avance

Trois perspectives peuvent dès lors se présenter à la réflexion profane sur cette future prise de possession de l'héritage à reconstituer.

– Dans un premier temps, l'Avance n'est pas du tout reconstituée, pour une raison ou pour une autre, et alors l'héritage n'advient pas. Fin de partie.

– Dans un deuxième temps, l'Avance est reconstituée à l'identique, ce qui a été reçu est rendu conforme et inchangé, devant Dieu et devant les hommes. Alors l'héritage n'est qu'une reproduction simple et banale, mais il faut se souvenir que le produit nécessaire à la reconstitution est un multiple de l'avance initiale.

– Dans un troisième temps, l'Avance est reconstituée au-delà de sa grandeur initiale, et l'héritage en ressort augmenté.

Les conditions de la reconstitution de l'avance

La question se pose alors de l'origine de l'augmentation des ressources consacrées à la reconstitution de l'avance. L'excédent éventuel est-il l'expression d'une différence juste et équitable ? La sagesse chrétienne, fondée sur les aspirations personnelles des adeptes, intériorise les perspectives issues de la doctrine. Les échanges d'avances matérielles les unes contre les autres, par les uns et les autres, à l'intérieur des communautés de l'Église primitive locale aussi bien qu'à l'extérieur et à l'étranger, accompagnent les « pêcheurs d'hommes » qui propagent « la bonne nouvelle ». Qui prend l'initiative de l'avance offre à celui qui la reçoit les moyens de participer à l'échange. Selon Saint Paul, c'est de l'Esprit-Saint qu'il s'agit. Sans cette initiative, l''échange ne peut pas s'enclencher. Sans sa reconstitution, il ne peut pas se perpétuer.

Il faut observer que la simple reconstitution de l'avance use les forces physiques et corporelles qui sont mises en œuvre. Si les forces musculaires disponibles déclinent pendant le processus, il y a un risque inéluctable de non-reconstitution et il se profile une menace de dilapidation de l'héritage. En revanche, si ces forces se maintiennent, alimentées de l'extérieur (par de nouveaux « captifs »), l'état des forces productives reste stationnaire. Et si de nouvelles ressources s'additionnent en abondance, de telle sorte que la reconstitution surpasse l'avance, alors les conditions sont réunies « pour mener les temps à leur plénitude » *(Épitre aux Éphésiens, 1,9-10)* .

Quand l'esclavage va de soi

Le premier regard chrétien sur l'esclavage s'expose dans la Bible. L'écriture en est stabilisée à la fin de l'époque hellénistique à Alexandrie pour sa traduction en grec par 70 fins lettrés (les Septantes) à partir de l'hébreu. Pour la traduction en latin, elle est menée par saint Jérôme (vers 395-405) à partir des textes hébreux et grecs de l'Ancien et du Nouveau Testament. Cette œuvre fondatrice, appelée la « Vulgate » ne l'emporte vraiment en Occident qu'à partir de l'époque carolingienne. Elle est déclarée authentique en 1546, au concile de Trente, avant d'être amendée sous Clément VIII, en 1596. Revue plusieurs fois, la Vulgate donne lieu à une nouvelle traduction, en 1979, sous Saint Jean-Paul II.

Au fur et à mesure que l'on s'approche de notre époque, le terme « esclave » recule, en partie remplacé par des vocables plus neutres, comme celui de « serviteur », voire de « travailleur forcé ». Cette tendance est perceptible dès l'époque moderne, avec des variations d'une langue vernaculaire européenne à l'autre. Rendre la chose invisible en ne la nommant plus crûment est un aveu de honte. Il faut fermer les yeux sur ce qui peut indisposer.

La réflexion théologique n'a cessé de s'étoffer autour de la Vulgate. Une tradition s'est affirmée, consistant graduellement à intégrer des textes nombreux, divers et sans cesse réinterrogés sur l'esclavage. La chose est plus vraie encore chez les catholiques romains. La parole pontificale est rare, mais la mise en réseau des informations se révèle riche d'enseignements sur les faits d'esclavage. Le regard des Chrétiens sur ces phénomènes permet d'accumuler au cours des siècles les témoignages et réflexions qui constituent le corpus des textes officiels. Au début, l'institution de l'esclavage doit durer jusqu'à la fin des temps. Ainsi l'exprime la Bible : « Quant aux serviteurs et servantes que tu devrais avoir, vous les achèterez chez les nations qui vous entourent ; vous pourrez aussi en acheter parmi les enfants des hôtes venus s'installer chez vous, ou dans un de leurs clans, habitant chez vous après qu'ils ont fait souche dans votre pays. Ils seront votre propriété que vous laisserez en héritage à vos fils afin qu'après vous ils les possèdent en toute propriété. Eux, vous pourrez les asservir à tout jamais. » *(Lévitique 26 44-46)*. Cette institution est nécessaire. Dieu sait gré aux « bons maîtres » de la maintenir avec fermeté. Elle ne peut disparaître avant le jour du Jugement Dernier où toute domination humaine est « anéantie » et où « Dieu est tout en tous » (Saint Augustin).

En attendant, les esclaves doivent être traités avec humanité et bienveillance, « pas de la même manière qu'un cheval », qu'ils soient chrétiens ou pas, disent aussi bien Saint Paul que Saint Augustin. Mais il ne faut pas oublier, d'un autre côté, que « qui aime bien, châtie bien ». Il faut donc faire régner l'ordre social, qui devient « divin » (après avoir été « naturel » dans la cité grecque).

L'abolition de l'esclavage reste encore loin d'être à l'ordre du jour. Refoulée, l'idée de mettre un terme à l'institution esclavagiste par la loi est impensable. Cependant, Saint Augustin ne supporte pas que des citoyens romains, chrétiens ou pas, soient réduits en esclavage et les fait racheter systématiquement par ses paroissiens pour les faire affranchir. Il ne s'agit pas pour autant de généraliser la mesure jusqu'à confondre affranchissements individuels et abolition de l'esclavage. Que l'esclavage relève ou non du droit naturel comme chez Aristote, ou divin, comme chez Saint Augustin, importe peu, du moment que, dans l'opinion publique, la représentation mentale en est perçue comme allant de soi. Toutefois rien n'est figé. L'affranchissement des esclaves, individuellement ou par lots, trouve de plus en plus sa place dans l'organisation sociale. Le ou les propriétaires gardent la main sur les modalités de l'émancipation. Il faut y voir le processus graduel, lent, séculaire et contrôlé de la circulation des élites.

L'affranchissement des esclaves accélère la circulation des élites

En 1901, Vilfredo Pareto forge la première définition du concept de « circulation des élites ».[11] Pour lui, la société connait une rotation des groupes au pouvoir. La « circulation » qu'il imagine est interne aux États. L'historien constate cependant que les sociétés sont ouvertes à des compétences venues de l'extérieur, puis assimilées. Vilfredo Pareto écrit dans son *Traité de Sociologie générale (Art. 2037) :*

« À Rome, celui qui devenait empereur élevait généralement ses affranchis à l'élite, souvent même à l'élite gouvernementale. Pourtant, un nombre plus ou moins grand de ces affranchis qui jouaient un rôle dans le gouvernement possédaient des qualités, bonnes ou mauvaises, grâce auxquelles l'étiquette qu'ils avaient obtenue par la faveur de César se trouvait à sa place. »

Les qualités appropriées de l'esclave affranchi à l' » étiquette » de l'élite se révèlent sans doute dans la gestuelle des « bonnes manières » ainsi que dans la gestion des affaires courantes de l'Empire. Mais à n'en pas douter, la première d'entre ces qualités réside dans la compétence implicite, et peut-être inavouable, à traiter avec succès des affaires esclavagistes. En Europe occidentale l'esclavage blanc tend progressivement à disparaître. Il est remplacé graduellement par l'esclavage noir. Vilfredo Pareto n'attache aucune importance à ce phénomène. L'équilibre qu'il conçoit est hors commerce triangulaire.

[11] Vilfredo Pareto Traité de Sociologie Générale. [1916] Préface de Raymond Aron. Librairie Droz Genève 1968

CHAPITRE 4
L'ESCLAVAGE DE PLANTATION DANS L'ÎLE DE SAO-TOMÉ AU XVIe SIECLE

Le 8 Août 1444 les premiers esclaves noirs débarquent à Lagos, dans l'Algarve, au Portugal. Ils arrivent sans doute de Mauritanie (les « Maures noirs »). Ils amorcent la substitution de l'esclavage noir à l'esclavage blanc qui est encore seul alors à occuper le marché du travail esclavisé. C'est la période où la « Reconquista » s'achève dans la péninsule ibérique alors que la « Renaissance » éclot en Italie.

L'esclavage blanc dans la péninsule ibérique

Depuis sept siècles, dans la péninsule ibérique, les seuls êtres humains réduits en esclavage sont des Chrétiens et des Juifs. Les Musulmans ne réduisent pas leurs coreligionnaires en esclavage.

En 711 de notre ère les Arabes traversent le détroit de Gibraltar. Ils tirent parti des dissensions internes chez les Wisigoths, notamment à propos de l'esclavage.

De nombreux débats, rapportés dans les écrits conciliaires, concernent le degré d'« humanité » dont il s'agit de faire preuve à l'égard des esclaves. Par exemple, peut-on accepter qu'un esclave demande à être moine, sachant que le propriétaire perd une ressource acquise à « prix d'argent » ? N'est-ce pas là une forme d' « affranchissement forcé », spoliatrice pour le maître ?

La situation politique générale est tendue sur bien des sujets concernant les liens de vassalité entre lignages et les relations de fidélité aux autorités religieuses. En particulier, il faut légiférer sur la question des esclaves « fugitifs », phénomène préoccupant qui déstabilise la production.

La discorde chez les Wisigoths et la conquête musulmane

Les Arabes tirent avantage de ces disputes.

Après une première phase d'expansion impressionnante de rapidité au Maghreb (concomitante en Asie Centrale de l'entrée à Samarcande), on aurait pu s'attendre à un ralentissement, à une période de consolidation des nouvelles structures, ainsi que d'arabisation et d'islamisation des populations soumises. Mais les énergies libérées à cette occasion, essentiellement afin d'obtenir des butins et de faire des prisonnier(e)s, ne s'arrêtent pas en si bon chemin. Des chefs militaires comme Oqba et Hassan se distinguent par leur capacité à ramener un grand nombre d'esclaves. Ils sont largement surpassés par Moussa Ibn Nancays qui suscite l'admiration des Omeyyades par les foules d'esclaves qu'il ramène en Orient. Des décennies durant, la « mode des prisonnières berbères », devenues esclaves, s'est imposée sur les marchés orientaux. Les gouverneurs des différentes provinces d'Afrique du Nord doivent obligatoirement remplir des quotas en la matière, les remises d'esclaves faisant partie du tribut ordinaire de ces provinces. Mais les besoins croissants en matière d'approvisionnement poussent à l'organisation de nouvelles expéditions toujours plus nombreuses et plus lointaines, notamment vers l'extrême Occident (la Sicile, les Baléares et le Maghreb). Les femmes deviennent ainsi domestiques ou concubines et les hommes constituent un important réseau de collaborateurs et d'assistants zélés. Moussa sait pleinement tirer parti de ces réseaux : il avance de grandes sommes d'argent pour acheter des esclaves afin de les convertir à l'Islam, de les affranchir et d'en faire ses clients. Il construit ainsi avec leur collaboration le réseau de pouvoir nécessaire à ses conquêtes.

L'effondrement des Wisigoths

Une loi promulguée à Tolède en 702 par le roi Egica donne des renseignements sur le nombre alarmant des « fugitifs », esclaves réfractaires dont l'existence demeure préoccupante dans chaque région du royaume. Nombre d'entre eux bénéficient de la complicité des hommes libres et le roi promulgue de lourdes peines collectives pour les communes qui les abritent. Cette loi peut être interprétée de deux manières. Pour les uns, elle est le symptôme d'une décomposition sociale et la preuve d'un effondrement de l'ordre imposé par les Goths, pour d'autres, elle est la démonstration que l'Etat wisigothique s'oriente peu à peu vers un certain type de féodalité. Les autorités locales doivent obéir aux ordres des rois et contrôler les fugitifs, en échange de leur protection. Cette volonté de garantir le contrôle de la société par l'Etat lié aux autorités locales finit par faire long feu sous les coups de boutoir des Arabes, aidés par de nombreux agents locaux sur place, sans doute en partie issus du monde servile et inféodés à Moussa. Des sociétés fortement arianisées, comme la société wisigothique ibérique ou maghrébine, se désagrègent et se dissolvent alors en un rien de temps. Le Maghreb a produit 4 papes et quelques grands penseurs, comme Saint Augustin ou Saint Cyprien. Carthage est réputée indestructible et imprenable, même face à l'impérialisme romain dans ces régions. Il n'en reste pourtant rien à la fin du VIIe Siècle. Ces contrées sont dévitalisées. Elles deviennent semblables à des proies rendues inertes par les toxiques injectés par leur insecte prédateur, mais suffisamment gardées en vie pour produire les sucs actifs nécessaires à l'existence de l'insecte.

La préférence pour les Noirs

La traite des esclaves blancs se poursuit sur l'arc sud et ouest du pourtour méditerranéen jusqu'au XIXe siècle. Mais dans la péninsule ibérique elle-même, elle prend fin en 1492 à la chute de Grenade qui précède de peu la Découverte de l'Amérique, la première conditionnant la seconde, selon les instructions d'Isabelle la Catholique.

La traite atlantique des esclaves noirs va alors se déclencher.

En 1516, l'Espagne se montre favorable à l'introduction à Hispaniola d'un petit contingent d'esclaves, noirs ou blancs, en provenance de Castille. Le projet s'inscrit dans un plan plus large de réorganisation du système de production, autour de familles de paysans pauvres venues d 'Europe. Un rapport, en 1518, dit que les colons veulent tous des esclaves noirs. L'Africain est plus fort que l'Indien (un Noir, dit-on, vaut quatre Indiens), plus docile, plus dépendant puisque coupé de sa communauté d'origine. Les auteurs proposent l'ouverture d'une traite directe à partir de l'Afrique. Avec la possibilité, en cas de doutes sur la qualité des « pièces », de passer par des intermédiaires, *via* des contrats de monopole *(asientos)*.

Mais l'autorisation d'exporter des esclaves à partir de la Castille afin de les faire travailler (et non de les utiliser comme domestiques) est antérieure. Elle date du 15 février 1510. Le premier voyage transatlantique direct aurait eu lieu en 1526. Finalement, pour l'Amérique espagnole, un premier décollage négrier se situe entre 1526 et 1550, au moment où se concrétisent les projets d'abolition de l'esclavage des Indiens.

La traite des Blancs en Méditerranée

Pendant ce temps-là, dans toute la Méditerranée, la traite des esclaves blancs continue de plus belle.

« Les corsaires d'Alger — et plus tard de Tunis et Tripoli — enlèvent régulièrement autant sinon plus qu'il n'y a de déportés noirs sur l'Atlantique, de captifs blancs en un seul raid sur la Sicile, les Baléares ou Valence. » 850 000 Européens seraient capturés en Méditerranée occidentale par les « Barbaresques » entre 1580 et 1680. Durant cette période 1 308 432 Africains sont déportés (slavevoyages.org).

À cela il faut ajouter les importants prélèvements humains effectués en Europe orientale (la traite des slaves) pour lesquels aucune synthèse n'est disponible. Les données disponibles laissent cependant penser que cet esclavage-là fut nettement plus important. Durant la première moitié du XVIe siècle, en Crimée, en Pologne, en Lituanie et dans l'empire moscovite, environ 10 000 personnes par an sont enlevées et vendues au Proche Orient.

Il est malaisé de dire à quel moment de l'Histoire la courbe de l'esclavage noir transatlantique coupe celle de l'esclavage blanc méditerranéen, mais il est certain que ce n'est pas avant que le modèle de l'esclavage de plantation mis au point par les Portugais à Sao Tomé ne commence à se développer.

Le modèle de l'île de Sao Tomé-et-Principe

Les îles de Sâo Tomé-et-Principe, dans le golfe de Guinée, en Afrique équatoriale, sont découvertes par les Portugais à la fin des années 1470. À l'époque, les Portugais se livrent déjà à la traite des esclaves africains venus de Mauritanie. Le 8 janvier 1455, le pape Nicolas V (1447-1455) édicte la bulle *Romanus pontifex* qui autorise non pas la réduction en esclavage des Africains, mais plutôt la libre commercialisation de marchandises utiles pour le développement des implantations de foyers d'évangélisation. En effet, la guerre « juste » contre l'Islam connaît un tournant avec la chute de Constantinople, le 14 mai 1453. Il s'agit maintenant de trouver une route vers l'Inde en passant par le sud de l'Afrique pour trouver des alliés contre les Sarrasins. Le Portugal est investi de cette mission par les papes successifs qui, presque tous, ferment les yeux sur la traite qui se met progressivement en place.

La colonisation du Cap-Vert par des colons blancs accompagnés de leurs esclaves africains commence en 1462. Huit ans plus tard, celle de Sâo Tomé-et-Principe suit le modèle d'implantation et de gouvernance du Cap-Vert. Les deux archipels sont inhabités lorsque les premiers Portugais s'y implantent.

Toutefois, Sâo Tomé se prête mieux à la culture de diverses denrées et surtout à celle de la canne à sucre car les pluies y sont abondantes, les terres volcaniques fertiles, et les forêts tropicales fournissent suffisamment de bois à brûler pour sécher les pains de sucre.

L'apparition des cultures sucrières en Europe

La Riva degli Schiavoni (quai des esclavons) est un front de mer situé à Venise. C'est le lieu du marché aux esclaves, principalement des Slaves réduits en servitude (habitants de l'ancienne Esclavonie). L'étymologie du mot « esclave » se déduit de la réduction en servitude de cette région par Venise et par l'Europe chrétienne au temps des croisades. Ainsi, au Moyen Age chrétien, l'esclavage persiste mais de manière marginale. Cela ne permet pas vraiment d'expliquer la résurgence d'un esclavage de masse à l'aube de la modernité.

Le sucre et les transformations du droit de propriété peuvent en revanche être des éléments d'explication plus pertinents. Pour Yann Moulier-Boutang, « La rencontre du sucre et du mode de faire-valoir direct crée les conditions véritables de l'esclavage moderne » [12]. Au XIVe siècle, l'esclavage réapparait sur les îles de Malte et de Chypre puis en Sicile pour la culture de la canne à sucre qui exige un grand nombre de travailleurs. Les propriétaires de ces plantations sont des marchands italiens (génois et vénitiens) qui les avaient acquises en nature comme paiement. Plutôt que de faire valoir leur droits seigneuriaux (la rente féodale), ces propriétaires terriens préfèrent exploiter directement ces terres, ce qui est beaucoup plus lucratif. La nature limitée des droits de propriété dans le système féodal se transforme radicalement en raison de cette innovation économique. Par ce mode de faire-valoir direct de la terre, les bénéfices issus de ces droits peuvent se développer de manière exponentielle. Il suffit pour cela qu'en aval le commerce du sucre soit florissant, et qu'en amont le travail agricole soit réalisé de préférence par une main-œuvre abondante et peu coûteuse. L'avantage comparatif de ce modèle présente des spécificités analogues à celles des organisations viticoles de l'île de Chios, vingt siècles plus tôt. Comme à Chios, il y a une coïncidence avec l'abondance des monnaies métalliques (d'Amérique, ici). Et, comme à Chios, le recours à l'esclavage caucasien constitue un des moyens pour atteindre cet objectif de développement rapide, mais il est bientôt concurrencé.

---

[12] Yann Moulier-Boutang, *De l'esclavage au salariat : économie historique du salariat bridé*, Paris, Presses universitaires de France, 1998, 765 p p.133

La culture de la canne prend de l'ampleur en Europe. La technologie vient du Bengale, via l'Egypte. Elle se transpose de la mer Méditerranée aux abords de l'océan Atlantique sous l'égide du Portugal et de l'Espagne, dans les îles de Madère, des Canaries, du Cap vert et de Sao Tomé : Là, il n'y a plus comme manœuvres que des Noirs. Le système des plantations sucrières s'introduit à Madère. En 1455, le capital est génois, les techniciens siciliens.

Le modèle de l'esclavagisme moderne est déjà en place avant la découverte du Nouveau Monde.

La colonisation de Sâo Tomé-et-Principe

En 1493, Âlvaro de Caminha, troisième capitaine de Sâo Tomé, réussit à établir une colonie permanente au nord de cette île tropicale densément boisée. Le groupe de colons de Caminha comprend quelques volontaires, de nombreux détenus et des enfants juifs. Ceux-ci sont remis en paiement par leurs parents chassés d'Espagne l'année précédente et qui, arrivés au Portugal, n'ont pas pu s'acquitter de la taxe sur l'immigration en vigueur. A Sâo Tomé, les prêtres catholiques prennent en charge les enfants juifs et les convertissent à la foi chrétienne. Caminha donne un homme et une femme esclaves à chaque homme blanc, alors que chaque groupe de cinq enfants juifs reçoit un couple d'esclaves afin de prendre soin d'eux. Les prisonniers transportés de force, qui constituent la majorité des colons blancs, sont libres d'occuper des postes dans l'administration et de se livrer à toutes sortes d'activités.

Les origines de la créolisation

La coexistence entre blancs et noirs dans ces îles donne naissance à un processus de créolisation culturelle et linguistique. Ainsi se forme une société créole, dotée d'une culture et d'une langue spécifiques.

Les capitaines sont investis des pouvoirs exécutif et judiciaire. Ils ont notamment le droit de distribuer des terres aux colons, selon le système des *sesmarias,* ce qui signifie que les nouveaux propriétaires de ces terres doivent les mettre en culture dans les cinq ans, sous peine de se les voir retirer. Le nombre d'habitants blancs dans les îles n'excéde jamais les 500 personnes, même durant le boom sucrier du XVIe siècle. En 1522, Sâo Tomé est dorénavant dirigée par un gouverneur nommé par le roi.

Dès les premiers temps de la colonie, des esclaves sont affranchis par leurs maîtres à titre individuel. Sur la requête des colons, un décret royal de 1515 affranchit leurs épouses esclaves africaines et les enfants qu'ils avaient eus avec elles. En 1517, un autre décret royal en fait de même pour les hommes esclaves arrivés avec les premiers colons.

Les noirs libres, appelés *Forros,* constituent une nouvelle catégorie sociale et participent activement à la formation de la société créole. Le métissage entre noirs et blancs est encouragé comme stratégie délibérée de colonisation.

Les enfants issus de ces unions interraciales constituent une catégorie sociale à Sâo Tomé, les *mestiços,* qui peuvent légalement hériter de leurs pères blancs. Du fait de la mortalité élevée parmi les blancs, ils constituent bientôt un groupe important de propriétaires. En 1528, les *mestiços* sont autorisés à exercer des fonctions politiques au Conseil, et en 1546 ils ont le droit d'occuper tous les postes dans l'administration et la milice.

Un décret royal oblige en 1514 les colons à baptiser dans les six mois les esclaves nouvellement arrivés. Ces derniers reçoivent des noms chrétiens et sont assimilés à la culture portugaise. En 1526, un décret royal autorise les noirs libres à former la confrérie de Notre-Dame-du-Rosaire, qui peut faire commerce d'esclaves, d'or et d'épices et affranchir ses membres esclaves.

São Tomé devient en 1534 le siège d'un diocèse qui s'étend du Liberia actuel jusqu'au cap de Bonne-Espérance.

Le commerce des esclaves, première activité

Initialement, les marchands de São Tomé font l'acquisition d'esclaves africains dans le golfe du Bénin et dans l'actuel Gabon, dans l'estuaire de l'Ogoué. Au début du XVIe siècle, *l'oba* (« souverain ») du Bénin impose toutefois un embargo sur la vente d'hommes esclaves, dont il a besoin pour alimenter son armée. Les zones d'approvisionnement en esclaves doivent s'élargir rapidement alors vers les royaumes du Congo et de Ndongo (Angola). Dès 1509, les marchands de São Tomé commencent à acheter leurs esclaves à Mpinda, dans le royaume du Congo, où les premiers Portugais avaient débarqué en 1483.

Parmi les marchands de São Tomé, se trouvent des planteurs, des administrateurs de la Couronne et des hommes d'Église, blancs, *mestiços* et *Forros*. Leur activité ne se limite pas à l'approvisionnement de l'archipel. Jusqu'en 1540, les marchands de São Tomé contribuent au commerce régional d'esclaves entre le Bénin, le Congo et la Côte-de-l'Or (Ghana), où les Portugais ont construit le fort São Jorge da Mina (Elmina) en 1482. À partir de cette tête de pont, et pendant trois-quarts de siècle, les Portugais de São-Tomé organisent le premier commerce triangulaire qui s'amplifie à partir de ce moment-là en cercles concentriques de plus en plus larges à travers l'Atlantique.

Comme pour l'île de Chios, vingt siècles auparavant, un minerai métallisé et monétisé, l'or et non l'argent, une denrée, le sucre et non le vin et une marchandise, l'homme noir et non l'homme blanc, interagissent productivement. L'or des Akans (Ghana) est avancé pour acquérir des esclaves au Congo qui sont vendus en partie à Sâo -Tomé pour produire le sucre de canne et en partie aux Akans eux-mêmes pour extraire l'or et le transporter au Nord de l'Afrique.

En 1519, Sâo Tomé obtient le monopole de la traite avec Elmina (Ghana), où quelque 500 esclaves sont expédiés par bateau tous les ans. La même année, pour la première fois, les autorités de Sâo Tomé fixent des normes concernant la sélection, l'embarquement, le transport, le marquage et le traitement des esclaves.

Le voyage de Sâo Tomé à Elmina dure quinze à vingt-cinq jours. Les Portugais y échangent leurs dentées et les esclaves du Congo contre l'or des Akans, qui font travailler la main-d'œuvre servile dans leurs mines d'or et comme porteurs dans les caravanes en partance pour le Nord. Sâo Tomé réexporte également des esclaves vers Lisbonne - pour laquelle l'île devient l'un des plus importants fournisseurs d'esclaves durant la première moitié du XVIe siècle. A partir des années 1520, elle approvisionne de manière croissante l'Amérique hispanique et le Brésil. Certains quartiers des villes coloniales s'appellent alors « la Petite Guinée », en raison de l'origine des habitants.

Durant la première moitié du XVIe siècle, entre 5 000 et 6 000 esclaves sont ainsi importés et réexportés via Sâo Tomé tous les ans.

Pendant soixante ans un commerce triangulaire Congo-Sâo Tomé-Côte de l''or (Ghana) déroule sa noria sans interruption. La stabilité relative des institutions garantit la reconstitution des avances financières.

Dès 1579, cependant, Sâo Tomé perd son monopole en Angola, et se fait remplacer par Luanda, port continental africain, comme principal marché d'exportation des esclaves.

À Sào Tomé, les esclaves destinés aux réexportations sont détenus dans des entrepôts sur le port ou, plus fréquemment, mis au travail dans les plantations royales, lesquelles emploient entre 250 et 400 esclaves pour produire des vivres. Les premiers colons ne possèdent pas plus de 14 esclaves chacun, en moyenne ; ils les emploient à des tâches domestiques et agricoles. En 1506, un contemporain affirme que Sâo Tomé comporte 2 000 esclaves résidents, auxquels s'ajoutent 5 000 à 6 000 autres esclaves, présents temporairement, en transit dans l'attente de leur réexportation. Durant les premières décennies, les esclaves servent également de monnaie d'échange pour régler les dettes ou acheter des postes au sein de l'administration.

L'esclavage de plantation : le cas de l'industrie sucrière, seconde activité

Sâo Tomé est la première économie de plantation des tropiques et sert de modèle aux plantations qui sont érigées ensuite aux Amériques. Les premières plantations de sucre sont établies dès 1494 dans les plaines du Nord et du Nord-Est. Les deux premiers moulins à sucre de Sâo Tomé apparaissent dans les sources documentaires en 1517. Leur nombre augmente régulièrement par la suite et s'élève à 120 en 1600, tandis que la production de sucre atteint son maximum en 1578, avec une production de 2 573 tonnes. À partir du milieu du XVIe siècle, Sâo Tomé devient le plus important producteur de sucre au monde. À l'époque, la production de sucre est l'un des deux piliers de l'économie locale, aussi important que la traite. Toutefois, le sucre produit à Sâo Tomé est de piètre qualité, car le climat tropical le rend sombre et humide. La concurrence du sucre brésilien finit par lui être fatale à la fin du XVIe Siècle. Quelques plantations de canne à sucre sont des propriétés de la Couronne, mais la plupart appartiennent à des administrateurs royaux, à des colons, à la Confrérie, et à des propriétaires fonciers absentéistes qui vivent au Portugal. Les premiers planteurs *mestiços* (qui incluaient des femmes) apparaissent dans les sources dès 1521. La multiplication des moulins à sucre fait augmenter le nombre d'esclaves importés par les planteurs. Au milieu du XVIe siècle, on estime qu'il y a entre 6 000 et 10 000 esclaves à Sâo Tomé. Les nouveaux venus sont appelés *bocais* afin de les distinguer des *crioulos* nés sur place. Les plus grandes plantations de canne à sucre emploient jusqu'à 300 esclaves. Les planteurs les plus riches possèdent des armées privées composées d'esclaves ; ils se livrent fréquemment à des luttes de pouvoir, voire à des conflits armés. Des esclaves fugitifs se révoltent, se réfugient dans les montagnes et s'organisent sous l'autorité d'un chef connu sous le nom d'Amador. La guerrilla, les invasions de corsaires français puis néerlandais désorganisent la production. L'industrie sucrière disparaît au début du XVIIe siècle. Les blancs émigrent, remplacés par les Forros qui maintiennent une agriculture vivrière dont les produits sont vendus aux bateaux qui font escale à Sao Tomé sur les routes de la traite. Celle-ci prend son envol, avec l'assentiment des pouvoirs politico-religieux européens.

CHAPITRE 5
LES DEUX THOMAS

L'un défend la propriété privée, saint Thomas d'Aquin,[13] l'autre, saint Thomas More[14], défend la société communiste. Les deux penseurs ont été canonisés par l'Église Catholique. Ils déterminent pour longtemps les orientations de la pensée occidentale. Leurs conceptions de l'organisation sociale s'opposent sur la question de la propriété, mais convergent sur la propriété spécifique de l'homme par l'homme. Les deux penseurs ne refusent pas l'esclavage. Ils sont même plus rigides qu'Aristote et Saint Paul sur la façon de traiter les esclaves. Par exemple, l'affranchissement n'est pas un sujet central dans leur œuvre. Ce thème demeure invisible dans les philosophies politiques qui découlent de leurs développements.

Thomas More, la face cachée de l'Utopie

En 2000, le pape saint Jean-Paul II a fait de Thomas More le saint patron des hommes politiques et des responsables de gouvernement. Il sanctifie ainsi la prise de « risque de conscience » assumé jusqu'au martyre. Pour-

[13] Site sur les œuvres complètes de saint Thomas d'Aquin : http://docteurangelique.free.fr
[14] Site sur l'Utopie de Thomas More (PDF) http://classiques.uqac.ca/classiques/More_thomas/more_thomas.html.html

tant, dans *l'Utopie* (1516), fiction d'une société communiste, Thomas More n'envisage pas l'abolition de la propriété « collectiviste » de l'homme par l'homme, préfiguration des concentrations totalitaires du futur.

Dans *« L'Utopie »*, l'auteur écrit : « Chaque province marque ses esclaves d'un signe SERVAGE ! particulier et distinctif. Le faire disparaître est pour eux un crime capital, ainsi que franchir la frontière et parler avec les esclaves d'une autre province. Le simple projet de fuir n'est pas moins dangereux que la fuite elle-même. Pour avoir trempé dans un pareil complot, l'esclave perd la vie. » *(L'Utopie, P.54).*

En revanche, à ceux qui voyagent avec des sauf-conduits en règle, les Utopiens libres, tout leur est facilité : « Les voyageurs se réunissent pour partir ensemble ; ils sont munis d'une lettre du prince qui certifie le congé et fixe le jour du retour. On leur fournit une voiture et un esclave qui soigne et conduit l'attelage. » *(L'Utopie, P.11)*

Qui sont les esclaves ?

« La servitude tombe particulièrement sur les citoyens coupables de grands crimes, et sur les condamnés à mort qui appartiennent à l'étranger. Cette dernière espèce d'esclaves est très nombreuse en Utopie ; les Utopiens vont eux-mêmes les chercher à l'extérieur, où ils les achètent à vil prix, et quelquefois, ils les obtiennent pour rien.

« Tous ces esclaves sont assujettis à un travail continu, et portent la chaîne. Mais ceux que l'on traite avec le plus de rigueur sont les indigènes ; ceux-là sont regardés comme les plus misérables des scélérats, dignes de servir d'exemple aux autres par une pire dégradation. En effet, ils avaient reçu tous les germes de la vertu ; ils avaient appris à être heureux et bons, et ils ont embrassé le crime. » *(L'Utopie, P.141)*

De quel crime s'agit-il ? L'esclavage comme châtiment d'un crime supposé semble une sanction lourde.

Cependant, il est envisageable d'admettre que la manière dont le « fautif » se rachète peut contribuer au progrès social. Par exemple, l'éloignement des abattoirs municipaux préserve les centres-villes de bien des nuisances, préconise Thomas More :

« Hors de la ville, il y a des boucheries où l'on abat les animaux destinés à la consommation ; ces boucheries sont tenues propres au moyen de courants d'eau qui enlèvent le sang et les ordures. C'est de là qu'on apporte au marché la viande nettoyée et dépecée par les mains des esclaves. Ces boucheries extérieures ont aussi pour but d'éviter aux citoyens un spectacle hideux, et de débarrasser la ville des saletés, immondices, et matières animales dont la putréfaction pourrait engendrer des maladies. » *(L'Utopie, P.105)*

Thomas More s'appuie sur une division du travail qu'il théorise de façon extraordinairement visionnaire. Dans la société idéale qu'il appelle de ses vœux, l'abattage du bétail est accompli hors des villes dans des conditions d'hygiène renforcées depuis, de siècle en siècle. Les travailleurs de ces abattoirs sont des esclaves « car la loi interdit aux citoyens le métier de boucher, de peur que l'habitude du massacre ne détruise peu à peu le sentiment d'humanité, la plus noble affection du cœur de l'homme. » *(L'Utopie, P.105)*

Ainsi, la plus noble affection du cœur de l'homme, le sentiment d'humanité, est-elle réservée aux Utopiens libres. Chez l'esclave, pareil sentiment n'existerait pas, laisse-t-on entendre, et il n'y aurait donc rien à détruire, en termes d'humanité. En outre, l'éloignement des abattoirs contribue à l'invisibilisation des esclaves qui y travaillent. C'est la même invisibilisation qui caractérise les conditions de la noria de la traite atlantique en train de se mettre en place.

Les âmes « féroces et barbares » des esclaves révoltés

De même, les Utopiens libres ne voient aucun intérêt à la chasse et ne goûtent pas les aboiements de chiens. Ils considèrent que jouir de la mort des bêtes trahit une âme féroce et barbare, c'est pourquoi la chasse, tenue pour vile, est réservée aux esclaves. Ainsi la division du travail institutionnalisée réserve-t-elle les tâches matérielles aux esclaves, éloignés le plus possible de la vue des hommes libres.

La férocité se retrouve dans le récit, lorsqu'il s'agit de qualifier les esclaves révoltés :

> « Quand les condamnés esclaves se révoltent, on les tue comme des bêtes féroces et indomptables... Mais ceux qui supportent leur sort ne sont pas absolument sans espoir...On voit de ces malheureux qui témoignent un vrai repentir, et prouvent que le crime leur pèse encore plus que le châtiment. Alors la prérogative du prince ou la voix du peuple adoucissent leur servitude, et souvent même leur rendent la liberté. » *(L'Utopie, P 146)*

Planification et gestion des ressources humaines

L'Utopie est divisée en 54 villes. Les habitants sont répartis par groupes de 30 familles. Il est prévu deux esclaves par groupe. Le gouvernement dirige la production. Il dispose de l'esclavage alimenté par les « condamnés », de l'intérieur ou de l'extérieur. En fonction des programmes de production le gouvernement exprime ses besoins en travailleurs. L'appareil judiciaire doit donc faire écrouer un nombre suffisant de délinquants pour satisfaire aux besoins. Cette contrainte laisse supposer un appareil policier à la mesure des objectifs de production. Dans ces conditions, il est envisageable de penser que la crainte d'être réduit en servitude devienne alors un sentiment dominant chez les Utopiens « libres ». La représentation mentale de cette contrainte implicite et inavouée puise ses racines dans les réflexions menées sur l'esclavagisme depuis l'Antiquité. Dans le contexte où se trouve Thomas More la question de la légitimité ne se pose pas. Au contraire, c'est la révolte qui demeure illégitime. Et encore s'agit-il ici d'esclaves blancs et chrétiens de souche (le modèle pourrait être les Irlandais, maltraités par les Anglais qui les assimilent parfois à des orang-outans).

Thomas d'Aquin, l'esclavage et le taux d'intérêt

Trois siècles avant Thomas More, au XIIIe siècle, alors que la « *Reconquista* » bat son plein en Espagne, et qu'elle se termine au Portugal, la question de l'esclavage ne pose aucun problème, et devient secondaire dans la vie politique de la société européenne. L'institution esclavagiste va de soi. Personne ne le conteste.

L'Église elle-même dispose encore d'esclaves au XIIIe siècle. Ils sont très présents en Europe méditerranéenne orientale, mais ils le sont beaucoup moins ailleurs, le servage s'étant graduellement substitué à l'esclavage dans l'Europe occidentale.

Le serf n'est pas soumis à un maître, mais attaché à une terre. L'esclave, quant à lui, attaché à un maître, n'a pas la même jouissance de lui-même qu'un « serf » qui peut se marier ou prononcer des vœux religieux.

Saint Thomas d'Aquin rappelle que pour Aristote, le peuple capable de choisir une loi sous laquelle se placer, n'inclut pas les esclaves. Il ne souligne pas seulement le fait que l'esclave appartient au maître. Il indique qu'il est placé sous sa domination pour son « utilité », au même titre qu'un

« instrument », signe extérieur de respectabilité. (À quatre siècles de distance, Adam Smith estime que l'esclave peut avoir une valeur ostentatoire, signe extérieur de pouvoir et de richesse).

« À chacun est dû, écrit saint Thomas, ce qui lui appartient. Or il appartient à chacun d'avoir ce qui est « *ordonné à* lui, ainsi l'esclave *appartient* au maître » ou « Une chose peut aussi être appelée : « de quelqu'un », comme sa *propriété* ou son *esclave* ».

L'utilité de l'esclave pour le maître

La domination peut « se comprendre de deux façons. D'abord par opposition à la servitude, et alors on appelle maître *(dominus)* celui à qui l'on est soumis en qualité d'esclave. Ensuite, concomitamment à l'Utilité : « On peut dire que quelqu'un domine sur un autre comme sur son esclave, quand il ramène le dominé à sa propre *utilité* à lui, le dominateur ». Cette utilité est instrumentale. « L'esclave étant comme l'instrument du maître, l'action de l'un est l'action de l'autre, comme s'identifient l'action de l'outil et celle de l'artisan ». Autrement dit, la personne du maître se prolonge dans celle de l'esclave, l'incluant dans sa constitution productive. L'offre qui en découle appartient tout entière au maître. La demande qui s'exprime dans l'échange émane elle aussi de ce binôme inclusif où seul le maître commande.

Il n'est pas prévu de dédommager l'esclave.

Saint Thomas dit : « Ne s'appartenant pas, soumis, ordonné et dominé par un autre, l'esclave ne reçoit ni récompense ni action de grâce. La rétribution que l'on donne à quelqu'un en compensation de son œuvre ou de son effort est un acte de justice. Mais cette dernière s'applique entre égaux, « comme l'enseigne Aristote », dans ce cadre, « la notion de mérite ne s'applique pas ». Cette conception de l'appropriation sans partage du produit de l'activité servile par le maître se diffuse sans vergogne chez les propriétaires. Elle va même chez Thomas More jusqu'à préconiser dans *l'Utopie* que l'on puisse acquérir l'esclave « à vil prix, et parfois sans payer ».

Dans la pensée occidentale, il devient implicite que le produit du travail servile est accaparé « de plein droit » sans coût spécifique, par le maître qui reconstitue grâce à cette institution bien commode, ses avances financières. Ce n'est pas un « coût de production », car il ne dégage aucun revenu pour le facteur directement engagé dans la production « utile ». Dans l'équilibre néo-classique esclavagiste, le « produit-profit » est intégralement le revenu du maître.

La brèche dans la relation maître-esclave

L'évolution est notable, par rapport à saint Paul qui voyait dans la relation maître-esclave une épreuve susceptible de permettre à tous deux de s'élever en conscience. Saint Paul affirme l'unité du genre humain et le rachat chrétien de tous. Avec Thomas d 'Aquin, le retour de la pensée aristotélicienne renforce l'idée que les chaînes de la dépendance n'entravent pas tous les individus de la même manière. Le théologien considère d'abord que l'esclavage résulte du péché, car « dans l'état d'innocence, l'homme ne domine pas sur l'homme ». Le péché présumé mais non-dit est répertorié dans la Bible (Lévitique). Il s'agit de l'inceste qui caractérise certains lignages de l'espèce humaine. Ensuite, comme Aristote, il en fait une « nécessité terrestre : « l'homme a besoin d'esclaves », au titre des « besoins extérieurs » pour lui procurer « la nourriture, le vêtement et autres articles de nécessité vitale ». L'esclavage est ainsi naturalisé. L'unité du genre humain est battue en brèche, permettant à l'homme libre, dit Aristote, de se livrer à la réflexion politique et d'échapper au travail *« inhumain »*.

La raison du plus fort est toujours naturelle

Thomas d'Aquin écrit, à propos de l'esclavage institué par la contrainte, qu'il « est évident que celui qui l'emporte excelle toujours en quelque bien, à moins qu'il en soit autrement par infortune » ; « à partir de là, il semble que la contrainte ne se présente jamais sans vertu chez celui qui impose la contrainte, ce qui est manifeste ». Il y a ainsi une répartition à la fois inégale et naturelle des vertus entre les dominants et les dominés.

Encore faut-il, pour que l'esclavage selon la contrainte soit juste, que le maître soit compétent ; ainsi l'ordre naturel des choses est en tout point respecté.

Sinon, selon Thomas d'Aquin, « ce commandement serait inutile aux deux parties ». Et donc potentiellement injuste. Mais qui donc est digne de commander ? C'est, dit-il, « celui qui posséde une aptitude naturelle à cela ». Relevant de l'ordre de l'esprit, cette aptitude peut s'exprimer « à partir d'une complexion corporelle favorable ». Autrement dit, certains lignages humains sont ainsi génétiquement prédéterminés à détenir une autorité naturelle. Par exemple, la malédiction des descendants de Cham, fils de Noé, pèse sur certaines populations. Les enfants issus de parents bons auront toujours quelque chose de bon, et pourront ainsi demeurer dans la catégorie des maîtres de « bonne famille » ; tandis que ceux nés de parents mauvais auront toujours quelque chose de mauvais et seront ainsi susceptibles d'être relégués dans la catégorie des esclaves.

La position du théologien est ici embarrassée et demeure ambiguë. Selon certains commentateurs, il soutient que l'esclavage n'est pas naturellement fondé mais est pratiquement nécessaire. Selon d'autres, saint Thomas reconnaît que l'esclavage est de droit naturel mais « ne sacrifie cependant pas les droits de la personne humaine ». Il résulte de ce balancement qu'en attendant les lois abolitionnistes des siècles à venir, l'opinion publique retient que l'esclavage est de droit naturel et qu'il est nécessaire à la vie en société.

L'importance croissante du prêt à intérêt

Saint Thomas d'Aquin n'envisage pas du tout que l'esclavage puisse être aboli avant le Jugement Dernier.

En revanche, dans un tout autre domaine, il ouvre un débat fondateur sur la prohibition du prêt à intérêt. S'il ne cherche pas à atténuer les rigueurs de l'esclavage, il cherche en revanche à « moraliser » la pratique du prêt à intérêt. Cela commence avec la doctrine du « juste prix ».

Le juste prix et le prêt à intérêt

Thomas d'Aquin ne proscrit pas le commerce aussi sévèrement qu'Aristote. Il ne peut le suivre, car il sent très certainement à quel point l'essor de la civilisation est lié à l'essor du commerce. En même temps qu'il définit le cadre « naturel » de l'esclavage, il reconsidère le gain monétaire condamné par Aristote.

Selon lui, si le gain monétaire, qui est la fin du commerce, n'implique en soi aucun élément honnête ou nécessaire, il n'implique pas non plus quelque chose de mauvais ou de contraire à la vertu. Rien n'empêche donc de l'*ordonner* à une fin nécessaire ou même honnête. Dès lors, le commerce devient moralement acceptable. C'est ce qui a lieu, par exemple, quand un homme se propose d'employer le gain modéré qu'il recherche dans le commerce à soutenir sa famille ou à venir en aide aux indigents ; ou encore quand il fait du commerce pour l'utilité sociale ou le bien commun, afin que sa patrie ne manque pas du nécessaire ; sans doute recherche-t-il le gain, mais comme prix de son travail et non comme une fin en soi. Le théologien se contente d'admettre le gain monétaire chaque fois que l'*intention* du commerçant est moralement bonne.

La même transposition du politique au moral se constate dans l'épineuse question du *prêt à intérêt.*

Avec le développement des échanges et la renaissance de l'État, le prêt à intérêt prend une importance croissante. L'Église, qui a elle-même de grands besoins d'argent, a fréquemment recours aux prêteurs d'argent et les protège.

Dès les premiers siècles chrétiens, des conciles désapprouvent l'activité des laïques se livrant à l'usure et l'interdisent formellement aux clercs. Au Moyen Age, l'interdiction devient absolue et générale. On la trouve notamment dans les « décrétales » des papes Alexandre III et Urbain III (fin du XIIe siècle). Les conciles généraux de Latran (1179) et de Lyon (1274) condamnent ceux qui font profession de prêter à intérêt.

Ces condamnations à répétition tout au long du Moyen-Age rendent les usuriers justiciables des tribunaux ecclésiastiques et parfois des tribunaux séculiers. La répression reste cependant toujours extrêmement faible relativement à l'importance croissante des activités financières. Il n'y a donc pas d'esclavage pour dettes, condamnations disparues depuis les temps bibliques, mais qui reviennent en force.

La brèche ouverte dans la doctrine du prêt à intérêt

Après la brèche ouverte dans la doctrine paulinienne de l'unité du genre humain, saint Thomas en ouvre une autre. À première vue il peut sembler que la position de saint Thomas soit simple et catégorique. Il condamne le prêt à intérêt sur la base même de l'argumentation avancée par Aristote : de par sa nature, l'argent ne fait pas de petits.

En même temps, à l'instar d'Aristote, il « naturalise » l'esclavage, qui, lui, peut naturellement « faire des petits » et contribuer par reproduction naturelle à maintenir ou accroître les biens du maître. Les deux penseurs en viennent donc à établir que si l'argent permet d'acquérir des esclaves, il participe ainsi lui-même, de façon implicite, à la reproduction naturelle, donc à la logique du vivant. Ce n'est pas précisément la voie explicite empruntée par le philosophe ni par le théologien. Thomas d'Aquin, cependant, ouvre une brèche dans la doctrine courante contre l'usure.

La proscription du prêt à intérêt paraît donc des plus nettes, mais les « atténuations » développées par Thomas d'Aquin finissent par faire lever graduellement les interdictions.

Souplesse sur le prêt à intérêt, rigidité sur l'esclavage

Thomas d'Aquin est conduit à faire des concessions aux exigences du temps. Ces concessions sont formulées avec de grandes précautions par un moraliste soucieux d'empêcher la diffusion de pratiques éminemment dangereuses pour les âmes. Néanmoins, elles suffisent à ruiner, en tant que thèse politique, la prohibition de l'intérêt. Elles constituent un premier pas sur un chemin qui conduit à accepter entièrement en fait des pratiques moralement condamnées.

Le « damnum emergens » (indemnité pour service rendu)

Saint Thomas dans la *Somme théologique* admet qu'une compensation soit stipulée dans le contrat de prêt pour un préjudice qui peut être subi par le prêteur du fait de l'opération de prêt.

Dans son contrat avec l'emprunteur, le prêteur peut, sans aucun péché, stipuler une indemnité à lui verser pour le préjudice qu'il subit en se privant de ce qui était en sa possession : ce n'est pas là vendre l'usage de l'argent mais recevoir un dédommagement pour un service rendu.

Une brèche est ainsi ouverte qui réduit bientôt à néant la portée pratique de la condamnation de l'usure.

Le « lucrum cessans (manque à gagner) »

Cette reconnaissance de la compensation pour un *damnum emergens* ne conduit pas saint Thomas à reconnaître la compensation du simple manque à gagner *(lucrum cessans) :* on n'a pas le droit, écrit-il, de stipuler dans le contrat une indemnité fondée sur cette considération que l'on risque de manquer une occasion de gagner plus avec l'argent prêté ; car on n'a pas le droit de vendre ce que l'on ne possède pas encore et dont l'acquisition pourrait être compromise de bien des manières. En tenant ce raisonnement, le théologien oppose une fin de non-recevoir à une pratique commerciale pourtant courante qui consiste pour les vendeurs à acheter **avant** de vendre et à payer après avoir vendu : le crédit ou l'avance facilitent le relais entre les deux moments de l'achat-vente. En effet, les vendeurs ne disposent pas de leurs recettes tant qu'ils n'ont pas vendu et ne peuvent donc pas acheter s'ils ne disposent pas de moyens monétaires pour (se) faire des avances. Celles-ci sont reconstituées après la vente. Elles sont utiles en premier lieu pour assurer la subsistance des vendeurs-entrepreneurs. Le théologien a donc tort de soutenir que l'on n'a pas le droit de vendre ce que l'on ne possède pas, sans évoquer (et légitimer) la possibilité de faire des avances financières qu'il faudra certes reconstituer scrupuleusement pour que l'équilibre de la transaction soit assuré.

Aujourd'hui encore, les chercheurs en sciences sociales campent sur l'injonction thomiste du refus de l'avance et produisent de ce fait des modèles erronés. L'offre est égale à la demande parce que l'on suppose faussement qu'elle fournit à la demande les moyens de l'absorber. Mais les revenus des entrepreneurs demeurent inconnus avant la vente. Il faut donc que les profits soient payés d'avance par les entrepreneurs pour pouvoir être dépensés.

En résumé, le *damnum emergens* se constate par la diminution de son patrimoine existant subie par le prêteur. L'intérêt est destiné à compenser cet inconvénient momentané. (Pour Keynes, à notre époque, c'est le prix de la renonciation à la liquidité).

Le *lucrum cessans,* quant à lui, se constate par le risque de manquer de moyens monétaires pour la vie familiale et au cas où une opportunité d'affaire se présenterait. L'emprunteur doit rendre au prêteur une somme suffisante pour reconstituer les avances de subsistance ou le manque à gagner subi par le prêteur éventuellement frustré.

Quand la « bonne intention » fait foi

Cependant les théologiens remarquent que dans la société désormais, l'argent rapporte normalement et régulièrement.

Ainsi, disent-ils, le *lucrum cessans* doit maintenant être compensé par un intérêt.

C'est pourquoi l'Église peut, sans modifier ses principes moraux traditionnels, admettre la multitude des activités financières comportant un prélèvement d'intérêts. Autrement dit, il n'est pas question de rémunérer les esclaves, mais il devient acceptable de rémunérer les capitaux. Comme Aristote, saint Thomas tente de fixer à l'activité humaine certaines limites naturelles. Mais, en même temps, il les soumet à un jugement moral, qui repose sur une vision tronquée de la réalité. Le commerce *paraît* naturellement blâmable, à la lumière des arguments d'Aristote. Mais si l'*intention* du commerçant est bonne, aux yeux de l'Église, on doit admettre que son activité est légitime. Le prêt à intérêt semble tout aussi blâmable, mais saint Thomas admet que le prêteur ne pèche pas par égoïsme s'il se contente de réclamer une compensation pour une privation qu'il a réellement supportée en raison du prêt. Innocent devant l'Église, le prêteur ne saurait être condamné par l'autorité séculière.

Saint Thomas veut être fidèle à la raison, qui définit l'ordre social naturel, et à la religion chrétienne qui permet ou interdit selon que la conscience autonome du sujet qui agit reflète ou non des intentions correctes.

La brèche ouverte par saint Thomas dans la condamnation portée par l'Eglise contre le commerce et l'usure va s'élargir indéfiniment du simple fait que le commerce et l'usure deviennent des activités de plus en plus fondamentales.

Puisqu'il est admis que la bonne intention préserve du péché, à la fois le commerçant et le prêteur, on en vient vite à *présumer* la bonne Intention, quand le commerce et le prêt se généralisent. Ce qui advient en même temps que s'achève la *Reconquista* en Espagne et que débute la Renaissance en Italie, pas seulement celle des Arts mais aussi celle de l'esclavage relancé sans scrupules sur l'Atlantique par la Chrétienté occidentale.

CHAPITRE 6
LES MERCANTILISTES ET L'INFLATION – JEAN BODIN

L'adhésion aux vues mercantilistes, qui deviennent « la théorie quantitative de la monnaie » à l'ère moderne, conduit les observateurs au XVIe siècle à évaluer les conséquences de l'abondance monétaire. Ces vues établissent un lien entre cette abondance et les conditions de financement des opérations commerciales. Elles se fondent sur les observations du fait que s'il y a beaucoup d'argent en circulation il est plus aisé d'emprunter et par conséquent de réaliser des affaires.

Aucun mercantiliste, cependant, ne fait le lien entre l'esclavagisme renaissant, notamment minier (indien, blanc puis noir) et l'abondance de l'approvisionnement en métaux des Amériques. Par exemple, Jean Bodin (1530-1596), dès 1576, dans les *Six livres de la République*, dénonce vigoureusement l'institution de l'esclavage. Mais il n'en demande pas l'abolition. Quelques années auparavant, il se rend célèbre en théorisant l'inflation généralisée consécutive aux Grandes Découvertes.

La réponse au paradoxe de Malestroit

En 1568, il publie *LA RESPONSE DE MAIS TREIEAN BODIN ADVOCAT EN LA COUR au paradoxe de monsieur de Malestroit, touchant l'enchérissement de toutes choses, & le moyen d'y remédier.* [15]

Il développe cette observation selon laquelle si les prix sont stables depuis au moins trois siècles en Europe, cela est dû à la rareté des métaux précieux monétisables. Il n'y en avait pas suffisamment, même, par exemple, pour le rachat des captifs en temps de guerre. Il donne l'exemple de la rançon de saint Louis :

« Saint Louys fut en peine estant prisonnier en Aegypte. Il n'est pas vraysemblable que le peuple François, lequel naturellement ayme son roy, & lors plus que jamais, & mesmes un tel roy, qui n'eust onques, & peut estre encore moins n'aura cy apres son pareil, eust voulu soufrir de le voir esclave des Mahometistes, qu'ils avaient alors en extreme horreur, toutefois Saladin fut contraint pour en tirer quelque chose, de laisser le roy pour faire sa rançon, prendre pour gage l'hostie qu'il portoit avec luy, & sans la devotion qu'avoit le bon roy elle fut demouree (confisquée) pour les gages. Aussi lisons nous en noz vielles histoires, qu'à faute d'argent on fist monnoye de cuyr avec un clou d' argent. » (P.40)

Dans cet extrait se trouve la seule occurrence du mot « *esclave* » dans le texte de Bodin. Il est rattaché à la captivité du roi, alors que l'esclavage-marchandise se dessine clairement derrière les autres observations de Bodin sur les ressources monétaires provenant de l'Espagne. L'Invisibilisation de l'esclavage minier rend perplexe.

---

[9] https://gallica.bnf.fr/ark:/12148/bpt6k800896/f11.item

L'Espagne, seule responsable de l'inflation générale

Dans son célèbre essai, Jean Bodin écrit :» Je trouve que la cherté que nous voyons vient pour **trois causes. La principale & presque seule que personne** iusques icy n'a touchee est l'abondance d'or & d'argent qui est auiourd'huy en ce royaume plus grande que elle n'a esté il y a quatre cens ans... La séconde occasion de cherté vient en partie des monopoles. La troisiesme est la disétte. La derniere est le plaisir des roys & grands seigneurs, qui hausse le pris des choses qu'ils aiment... »

Cette dernière cause, ici l'ostentation des dépenses somptuaires, est un indicateur des facilités de reconstitution des avances financières rendues possibles par l'accroissement des quantités de monnaie disponibles pour les Grands d'Espagne.

« Et quand l'Espagnol se fit seigneur des terres neuves, les coignees & cousteaux estoyent plus cher venduz que les perles & pierres precieuses, car il n'y avoit cousteaux que de bois & de pierre, & force perles. C'est donc l'abondance qui cause le melpris (l'inflation). » (P.38)

« Le Castilian ayant mis sous sa puissance *les* terres neuves pleines d'or & d'argent en a rempli l'Espaigne, & a montré la route à nos Pilotes, pour faire le tour de l'Afrique avec un merveilleux profit. »

« Or est il que l'Espagnol, qui ne tient vie que de France, estant contraint par force inevitable de prendre icy les bleds, les toiles, les draps, le pastel, le rodon, le papier, les livres, voire la menuiserie & tous ouvrages de main, nous va chercher au bout du monde l'or &: l'argent & les épiceries. » (P.44)

Mais d'où l'Espagne se procure-t-elle tant d'espèces métalliques ?

Développement d'un commerce triangulaire

Les Mercantilistes ne font pas le lien entre l'esclavage des Indiens qui réduit les coûts de production des ressources minières monétisables et « l'enchérissement de toutes choses ». Sans aller jusqu'à évoquer une causalité, ils ne relèvent même pas une coïncidence entre les deux phénomènes, et se satisfont de réserver la recherche aux « moyens de remédier » aux seuls dysfonctionnements monétaires. L'esclavage va de soi, même s'il convient impérativement de dénoncer les mauvais traitements. Le mercantiliste ne conçoit pas que la servitude minière puisse dégager les moyens de sa propre perpétuation : les esclaves extraient de l'argent et de l'or utiles pour acheter des esclaves. Les minéraux extraits se transforment en monnaies utilisées, avec d'autres marchandises, pour acquérir de nouveaux captifs déportés d'Afrique en Amérique pour produire sans délai de quoi reconstituer les avances financières qui ont assuré leur acquisition et leur transport.

Encore faut-il que le taux d'intérêt ne soit pas trop élevé.

La lutte contre l'usure, obstacle aux affaires

Il faut au préalable qu'une condition nécessaire soit remplie : le taux de l'intérêt doit baisser. Il ne suffit pas de démontrer la légitimité du taux de l'intérêt, il faut aussi en définir le niveau acceptable.

En Angleterre, la discussion à ce sujet est déjà bien avancée, préparant la publication des œuvres du pasteur puritain Richard Baxter (voir chapitre suivant).

En 1621, Thomas Culpeper, le père, publie un *Manifeste contre l'usure* présenté à la Haute Cour du Parlement, plusieurs fois réimprimé au XVIIe siècle.

Dans cet ouvrage, l'auteur expose que si l'intérêt est à 10 %, toutes les affaires qui ne rapportent pas 10 % au moins seront abandonnées. En outre, un taux élevé de l'intérêt décourage les améliorations foncières, les travaux de préservation des forêts, la réalisation des découvertes outremer, l'établissement de plantations.

« Je veux bien reconnaître aux Hollandais, écrit-il, une grande ingéniosité, mais pas au point de les trouver plus travailleurs et industrieux que nous. La cause de leur réussite est certainement que chez eux l'argent est bon marché (6%) et les terrains sont chers alors que chez nous, l'argent est cher (50%) et les terrains bon marché. »

Thomas Culpeper mentionne ici une loi du marché toujours d'actualité selon laquelle la valeur des actifs croît lorsque les taux d'intérêts baissent, et inversement. Il est entendu par les Parlementaires et les taux baissent rapidement en Angleterre. Les projets prolifèrent alors dans tous les domaines, surtout dans les affaires maritimes.

L'essor du « cartel » des cinq États esclavagistes occidentaux

Les Anglais et les Hollandais, deux peuples protestants non luthériens, vont alors objectivement se liguer contre l'Espagne catholique pour graduellement lui faire perdre sa suprématie sur les routes de l'Atlantique. Il s'agit de devenir dominants dans tous les segments du commerce maritime et en premier lieu dans la traite des esclaves africains. Entre 1500 et 1800, les cinq États moteurs de l'essor capitaliste déportent huit millions et demi d'esclaves africains vers les Amériques.

Participation des États à la Traite – Esclaves transportés (1501-1800)
Source : slave-voyages.org et Grenouilleau

PÉRIODES	ESPAGNE	PORTUGAL	FRANCE	PAYS-BAS	ANGLETERRE	TOTAL
1501/1550	31 738	32 387				64 128
1551/1625	171 719	389 323	66	3 194	1 922	566 224
1626/1700	62 774	743 674	38 436	218 102	428 262	1 491 248
1701/1800	10 654	2 213 003	1 139 013	330 014	2 545 298	6 237 982
TOTAL	276 885	3 378 387	1 177 515	551 310	2 975 482	8 359 582

L'observation des données sur quatre périodes entre 1501 et 1800 montre des évolutions divergentes selon les États.

Il faut préciser que le nombre des esclaves transportés est relativement aisé à documenter. Les rapports que des religieux établissent continûment à propos de faits qu'ils réprouvent, la maltraitance généralisée, évidemment, sont régulièrement portés à la connaissance de leurs contemporains. Ils font ainsi craindre à Charles-Quint et à Philippe II, en Espagne, ainsi qu'à Louis XIII, en France, les pires châtiments divins et les feux de l'Enfer, s'ils contreviennent aux lois chrétiennes qui régissent la dignité humaine. Tous les débats sont consignés et diffusés largement. Aux documents politiques et religieux s'ajoutent les pièces comptables et consulaires car il s'agit de « marchandises » dont le transport est soumis à certification et à enregistrements administratifs depuis le début du XVe siècle. L'administration portugaise, à travers le modèle de Sao-Tomé et Principe, définit les procédures de contrôle de qualité et de transport, ainsi que les certificats d'origine. Les acheteurs-négociants se garantissent d'être livrés en temps, en heure aussi bien qu'en qualité, tandis que les vendeurs s'assurent d'être payés à la livraison. Les avances consenties aux opérateurs sont garanties par des contrats financiers qui sont autant de documents servant de bases juridiques et de sources d'information. (C'est une escroquerie à l'assurance sur le « fret » qui enclenche les manifestations abolitionnistes à Londres). Les différentes Archives Nationales sont ainsi abondantes et loin d'être exhaustivement dépouillées à l'heure actuelle. En particulier, manque l'analyse des données concernant les États de la Baltique et de la Scandinavie, ou le commerce intracontinental des esclaves en Amérique, en Afrique, en Asie ou en Océanie.

Les stimulants préalables à la Traite

Le tableau 1 indique à quel point la dérégulation financière et la baisse du taux de l'intérêt intervenues en Hollande, puis en Angleterre, au début du XVIIe siècle stimulent l'investissement dans ces activités maritimes.

Situation des déportations au début du XVIIe (sur une période de 74 ans) :

PÉRIODES	ESPAGNE	PORTUGAL	FRANCE	PAYS-BAS	ANGLETERRE	TOTAL
1551/1625	171 719	389 323	66	3 194	1 922	566 224

L'activité des Protestants (Angleterre, Pays-Bas) n'est pas encore significative. Celle de la France, encore moins. En revanche, les deux États Catholiques ibériques entament une progression rapide. Les Portugais entreprennent de mettre en valeur la culture du sucre au Brésil sur le modèle de Sao-Tomé et Principe. Leur réussite les pousse vers l'Indépendance nationale. Ils se détachent définitivement de l'Espagne. Celle-ci connaît des scrupules religieux très forts au sujet de l'esclavage. La réduction en servitude des Indiens est abolie dès 1542.

Situation à la fin du XVIIe
(également sur une période de 74 ans)

PÉRIODES	ESPAGNE	PORTUGAL	FRANCE	PAYS-BAS	ANGLETERRE	TOTAL
1701/1800	10 654	2 213 003	1 139 013	330 014	2 545 298	6 237 982

En 74 ans, le nombre des esclaves transportés par les négociants de ces cinq États est multiplié par 2,7. Ce quasi triplement en trois-quarts de siècle est stimulé par les exeat théologiques protestants, l'émulation entre les États, la baisse des taux d'intérêt.

La substitution de l'esclavage noir aux esclavages blancs et indiens

L'offre de main-d'œuvre servile est très diversifiée. Dans la « nébuleuse servile » on est condamné aux colonies, comme aux galères, en France et en Angleterre, aux débuts de la colonisation de l'Amérique.

Pour les Français, il s'agit d'» engagés », pour les Anglais d' « *indentured servants* », qui consentent par contrat à devenir des esclaves « à durée déterminée ».

Sous Cromwell, des envois massifs de prisonniers écossais et irlandais surpassent en nombre l'émigration anglaise de jeunes adultes fuyant les effets de la « primogéniture » qui les prive d'héritage.

Devenus contremaîtres (dits « commandeurs ») sur les plantations du Nouveau Monde, où arrivent aussi les Africains, ces catholiques anglophones participent au système de l'esclavage de plantation. Comme contremaîtres ils diffusent aussi des comportements et des pratiques culturelles spécifiques de leurs contrées d'origine. Par exemple, ils introduisent les cantiques catholiques et celtes pour accompagner les travaux agricoles, annonçant le « Gospel », le « negro spiritual » ou des ballades profanes, préparant l'avènement du « Blues ». De 1717 à 1779, l'Angleterre expédie dans ses colonies 50 000 déportés. Un évangéliste humanitaire, John Oglethorpe, fonde en 1732, la nouvelle colonie de Géorgie pour y recueillir les très nombreux emprisonnés pour dettes.

Une large, une longue « servitude blanche » caractérise les servitudes en Amérique. Les vagues se remplacent et, en quelque sorte, se succèdent comme en une sorte de noria ; l'une cesse, l'autre se met en place. La succession ne se fait pas de façon automatique, mais, en gros, la règle est claire. En Amérique du Sud la « servitude blanche » n'intervient que dans la mesure où l'indienne fait défaut et l'esclavage noir ne se développe que par suite de l'insuffisance du travail indien et de la main-d'œuvre importée d'Europe. Là où le Noir n'est pas à l'ouvrage — par exemple dans les cultures de blé au nord de New York, à cause des rigueurs climatiques — le *servant* reste en place jusqu'au XVIIIe siècle. Ainsi s'impose une exigence coloniale qui détermine les décisions de changements et la gestion des projets pour des raisons économiques, non pas raciales ; elles n'ont « rien à voir avec la couleur de la peau ».

Les « esclaves blancs » cèdent la place parce qu'ils ont le défaut d'être sous contrat à durée déterminée et peut-être coûtent-ils trop cher, ne serait-ce qu'en raison de leur nourriture. L'esclavage noir introduit alors une distorsion de concurrence qui élimine l'esclavage blanc du marché.

L'affranchissement des esclaves blancs

Ces *engagés* et ces *servants,* une fois libérés, se mettent à défricher et à gagner à l'agriculture de petites propriétés consacrées au tabac, à l'indigo, au café, au coton. Max Weber juge leurs « petites entreprises » essentielles au développement de l'esprit du capitalisme états-unien. Mais par la suite ils perdent souvent la partie face aux grandes plantations, nées de la culture conquérante de la canne à sucre, entreprise coûteuse donc capitalistique (qui exige d'importantes avances financières). Incorporé dans ce capital fixe, l'esclave noir a sa place. Et quand cette place est mesurée à l'époque des Lumières, elle est jugée trop coûteuse par rapport au travail libre. Il semble que les évaluateurs de l'époque aient largement surestimé les possibilités de substituer le travail libre au travail servile préconisé dans les modèles.

Le planteur préfigure l'entrepreneur

Aux XVIe et XVIIe siècles, avec la grande propriété, se multiplie l'esclavage noir qui en est la condition *sine qua non.* Après le recul dramatique de la population indienne, le processus esclavagiste qui ouvre l'Amérique aux populations africaines joue de lui-même. L'esclave africain s'achète comme une marchandise, voire sur commande. Le trafic des négriers permet la mise en place de plantations sucrières énormes pour l'époque. Dans ces vastes entreprises, il y a place pour un travail régulier, bien divisé, monotone, sans grande qualification, mis à part trois ou quatre postes de techniciens, d'ouvriers qualifiés.

La docilité, la permanence, la force de la main-d'œuvre noire en font l'outil le moins cher, le plus efficace, bientôt le seul recherché. La vitesse de la reconstitution des avances financières dans ce modèle est sans doute plus élevée que dans d'autres domaines. Si, en Virginie et dans le Maryland, le tabac, d'abord cultivé par de petits propriétaires blancs, connaît un vif essor de 1663 à 1699 — l'exportation en étant multipliée par six — c'est qu'il y a eu passage du travail blanc à la main-d'œuvre noire. Le tabac est cultivé en grand pour l'exportation (notamment vers l'Écosse, où il est apprécié par Adam Smith et ses amis, les « lords du tabac »), comme le blé en Sicile ou en Pologne, comme le sucre dans le *Nordeste* brésilien ou dans les Antilles.

C'est dans ce contexte que les Physiocrates et les Classiques vont réunir calcul et morale pour alimenter le débat sur l'esclavage. Mais avant de présenter ce débat, il peut être nécessaire de rappeler le cadre idéologique et politico-religieux qui légitime l'institution.

CHAPITRE 7
L'ESCLAVAGE ET L'USURE - RICHARD BAXTER

À propos des questions de l'usure et de l'esclavage, le calvinisme se distingue sur plusieurs points du luthéranisme. C'est un mouvement qui s'est répandu surtout dans les villes marchandes et les ports de la traite. Il n'adopte pas les mêmes vues sur les questions économiques. Et d'une manière plus générale, son attitude à l'égard de l'activité sociale est originale et marque de façon très nette la naissance et le développement d'une mentalité nouvelle en Occident.

Le calvinisme plus souple sur le taux d'intérêt

Luther condamne vigoureusement le commerce et le prêt à intérêt. En revanche, le nouveau réformateur Calvin adopte une attitude assez différente.

Calvin se pose à nouveau la question de saint Thomas : si la méchanceté d'une action est une affaire d'*intention*, n'est-il pas possible que le commerce et les activités financières soient acceptables dans certaines conditions ?

À cette question une réponse positive est donnée et Calvin est beaucoup plus ouvert et tolérant que saint Thomas. L'intérêt du capital est toujours légitime pourvu qu'il soit modéré et « honnête ». À propos de l'esclavage, en revanche, les préconisations sont plus strictes et réservées. Le commerce, esclavage implicitement inclus, est une activité licite tant que le commerçant ne fait pas des gains exagérés qui seraient contraires à la charité.

L'essor parallèle du commerce et de la traite

Ainsi la philosophie économique du calvinisme apparaît-elle tout d'abord comme un développement de la philosophie thomiste. Elle conduit en pratique à faire des concessions à la nature humaine. Cela s'explique évidemment par le développement de l'histoire qui est en train d'assurer le triomphe du commerce. Et cette pression de l'événement historique est telle que le calvinisme ne se contente pas de tolérer le commerce. Il en vient à l'exalter, et à faire du succès dans les affaires un signe de l'élection divine. Au même moment, mais aucun lien n'est fait entre les deux observations, des populations entières commencent à être réduites en servitude, en Méditerranée et sur les côtes africaines de l'Atlantique.

L'éthique du capitalisme et la Prédestination

S'appuyant sur certains traits de la doctrine protestante, le sociologue allemand Max Weber soutient que la Réforme a été un facteur décisif du point de vue de l'avènement du mode de production capitaliste. Il cite, par exemple, ce texte de Richard Baxter, pasteur puritain anglais non-conformiste dont il reconnaît explicitement qu'il lui est grandement redevable :

> « Si Dieu nous désigne tel chemin dans lequel vous puissiez légalement gagner plus que dans tel autre (cela sans dommage pour votre âme ni pour celle d'autrui), et que vous refusiez le plus profitable pour choisir le chemin qui l'est moins, vous contrecarrez l'une des fins

> de votre vocation, vous refusez de vous faire l'intendant de Dieu et d'accepter ses dons, et de les employer à son service s'il vient à l'exiger. Travaillez donc à être riches pour Dieu, non pour la chair et le péché. ».[16]

Max Weber commente longuement Richard Baxter, dont l'influence est immense dans le monde anglo-saxon.

Ainsi note-t-il que la richesse ne fait problème que dans la mesure où elle constitue une tentation à se laisser aller à la paresse et à une jouissance peccamineuse de la vie, et sa recherche ne fait problème que si on la poursuit afin de pouvoir vivre ensuite dans l'insouciance et les plaisirs. En revanche, dans la mesure où elle signifie l'accomplissement du devoir professionnel, elle n'est pas seulement licite moralement, elle est tout simplement un commandement divin.

La sobriété liée aux occasions de profit

La sobriété du *self-made man* baigne dans un large rayon d'approbation morale : « *God blesseth his trade* » < Dieu a béni son commerce >. Il s'opère une transfiguration éthique de celui qui bénéficie de l'intervention providentielle offrant des chances de profit.

> « L'esprit du capitalisme » tel que le définit Max Weber se caractérise par une imprégnation divine de déterminismes surnaturels. On retrouve ces mêmes imprégnations à l'autre bout de l'échelle sociale, du côté obscur de la Force, lorsqu'il s'agit de caractériser l'esclavage prédéterminé par la Providence. Mais Max Weber ne s'y attarde pas. Il évoque brièvement les discussions qui nourrissent l'éthique protestante sur les origines de l'esclavage :

[16] Cité par Max Weber dans *L'éthique protestante et l'esprit du capitalisme*, Paris, 1964, p. 215.

« Des velléités schismatiques agitent les communautés protestantes qui s'affichent au sein du mouvement *prédestinatien.* Sous prétexte de prédestination, elles refusent, par exemple, l'abolition de l'esclavage des Noirs comme « intervention dans la Providence », de même d'ailleurs qu'elles s'opposent pareillement à la vaccination.

Max Weber inclut fort peu de développements sur l'esclavage dans *« L'Éthique protestante et l'esprit du capitalisme ».* Cette question est pourtant étudiée en 1673 dans le *« Christian Dictionary »* de Richard Baxter. Mais Max Weber élude cette partie extrêmement significative de l'œuvre du pasteur anglais.

Richard Baxter et le « verrouillage théologique » de la subordination esclavagiste

Baxter ne raisonne pas uniquement à propos des esclaves noirs. Il évoque aussi les esclaves blancs. Il présente ainsi une « nébuleuse servile » (Grenouilleau, 2021) qu'il faut pouvoir différencier. L'enjeu est de donner au fidèle les moyens de définir les attitudes à adopter dans la vie courante.

Dans l'omniprésence du religieux dans la vie quotidienne, l'état de servitude trouve une place tout à fait légitime. Les formes de cet état sont très diverses, mais il y aura toujours des maîtres et des serviteurs. Des maîtres chrétiens peuvent avoir des esclaves chrétiens. Le pasteur propose un code de bonne conduite pour les uns comme pour les autres :

> « Pour avoir de bons serviteurs, soyez de bons maîtres. Rappelez-vous qu'ils sont vos frères en Christ, et ne les dirigez pas de manière tyrannique, mais avec tendresse et amour, et ne leur commandez rien qui soit contraire aux lois de Dieu ou au bien de leur âme. » ou « Il est cruel de charger votre cheval plus qu'il ne peut porter.

Ne donnez pas à vos serviteurs un travail mettant en danger leur santé ou leur vie, sans que cela soit réellement nécessaire pour une plus grande œuvre » (chap. 14, p. 209-211).

S'ensuivent des conseils pour les uns et les autres à propos du choix des esclaves par les maîtres et réciproquement. Baxter rappelle que c'est de Dieu que les « servants » doivent attendre des bienfaits et non de leurs maîtres.

De leur côté, les maîtres doivent se comporter avec les esclaves, particulièrement aux colonies, de manière à ne pas les détourner du christianisme.

Directives sur les Devoirs des serviteurs

Directives I- II

Les esclaves doivent reconnaître qu'ils ont peut-être plus de travail que leurs maîtres, mais moins de soucis, et qu'ils doivent en être reconnaissants à Dieu. **(Directive I)**

Dieu vous a mis là et vous devez attendre de Lui votre principale récompense. Votre maître vous octroie un salaire qui n'est rien comparé à la Vie Éternelle promise par Dieu. **(Directive II)**

Directive III

« Soyez consciencieux et fidèle dans l'accomplissement de tous les travaux et devoirs d'un serviteur. Ne négligez pas les affaires que vous devez faire : ne les faites pas non plus paresseusement et à moitié. C'est un vol ou une tromperie pour un homme sur le marché de vendre à un autre la totalité de sa marchandise, et quand il l'a fait, de lui en retenir une partie et de le frustrer ; il en va de même d'un serviteur qui offre son temps et son travail à un autre, de le priver d'une partie du temps et du service qu'il lui avait offerts. Ne pensez donc pas que ce n'est pas un péché de passer une heure à paresser ou à somnoler au travail. La paresse et l'inconscience rendent les serviteurs trompeurs : ils font croire à leurs maîtres que le travail est bien fait : ce sont des hypocrites dans leur service. Comme s'il était facile de cacher à Dieu, qui a résolu de le punir, tout le mal qu'ils font à leurs maîtres. S'ils ne pensent qu'à flâner et à prendre leurs aises, et que leurs maîtres ne le sachent pas, ils ne s'en inquiètent jamais comme d'un péché contre Dieu...Si leurs maîtres devaient retenir une partie de leur salaire, ou mettre plus de travail sur eux que ce qui est convenable, ils seraient facilement persuadés que c'est un péché.

Le Seigneur lui-même vous commande « d'être obéissants dans la simplicité de cœur, et quoi que vous fassiez, faites-le de bon cœur, sachant que tout bien que quelqu'un fera, il le recevra de la part du Seigneur. »

Directive IV

« Faites plus attention à votre devoir envers vos maîtres qu'à leur devoir ou à leur conduite envers vous... Faites bien plus attention à ce qu'il faut faire qu'à ce qu'il faut recevoir ; vous pouvez modestement attendre votre dû, et être utilisé comme un serviteur devrait être utilisé ; mais votre devoir est beaucoup plus respectable ; car « si ton maître te fait du tort, c'est son péché, et non le tien » : Dieu ne sera pas offensé contre toi pour les fautes d'autrui, mais pour les tiennes propres ; non pas pour avoir été lésé, mais pour avoir fait le mal : et il vaut mieux subir le plus grand tort qu'offenser Dieu en commettant le moindre péché. »

Directives des devoirs des Maîtres envers les Serviteurs dans les plantations à l'étranger qui ont toutes sortes d'esclaves en état de péché

« Comprenez bien jusqu'où s'étend votre pouvoir sur vos esclaves, et quelles limites Dieu y a fixées. »

Souvenez-vous qu'ils sont aussi des créatures raisonnables aussi bien que vous, et nées à autant de liberté naturelle. *Leur péché les a réduits en esclavage* mais la nature en a fait vos égaux.

1. Souvenez-vous qu'ils ont des âmes immortelles et qu'ils sont également éligibles au salut comme vous-mêmes. Et c'est pourquoi vous n'avez aucun pouvoir de faire quoi que ce soit qui puisse empêcher leur salut. Aucune contrainte de vos affaires, de la nécessité, de la marchandise ou du pouvoir ne peut vous permettre de les traiter si durement et de les faire travailler au point de ne pas leur accorder le temps nécessaire et les répits pour ce dont Dieu a fait leur devoir. »

2. Souvenez-vous que Dieu est *leur propriétaire absolu*, et que vous n'en avez qu'une propriété dérivée et limitée.

Ils ne peuvent pas être plus à vous, que vous n'ayez le consentement de Dieu, qui est leur Seigneur comme à vous ; et c'est pourquoi l'intérêt de Dieu en eux et par eux doit être servi en premier.

3. Rappelez-vous qu'eux et vous, êtes également sous le gouvernement et les lois de Dieu. Et c'est pourquoi toutes les lois de Dieu doivent d'abord être observées par eux, et vous n'avez pas le pouvoir de leur ordonner d'omettre aucun devoir que Dieu leur commande, ni de faire commettre aucun péché que Dieu leur interdit ; et vous ne pouvez pas non plus, sans rébellion ou impiété, vous attendre à ce que votre travail ou votre commandement soit préféré à celui de Dieu. »

4. Souvenez-vous que Dieu est leur Père réconcilié et tendre, et s'ils sont aussi bons, il les aime aussi bien que vous. Et c'est pourquoi vous ne devez pas utiliser le plus vil

d'entre eux autrement qu'il ne sied au bien-aimé de Dieu d'être utilisé.

5. Souvenez-vous qu'ils sont les rachetés du Christ, et *qu'il ne vous a pas vendu son titre sur eux*. Comme il a racheté leurs âmes à un prix inestimable, ainsi il n'a pas accepté *le rachat par son sang* pour les mettre absolument à votre disposition. »

Commentaires sur le péché et la propriété

1. À propos de « *Leur péché les a réduits en esclavage* », Baxter n'est pas explicite sur la nature du péché en question. Le théologien chrétien n'approfondit pas la question et n'expose pas, comme on pourrait s'y attendre, les conséquences de la malédiction de Cham (crainte du péché d'inceste).

2. À propos de *la propriété absolue* exercée par Dieu sur les esclaves, et du titre christique du *rachat par son sang*, rien n'est stipulé par le théologien quant à la destination des produits de l'activité économique de l'esclave. Ils ne sont manifestement pas sa propriété personnelle, mais exclusivement celle du maître, qui en dispose à sa guise. Les produits appartiennent au Maître (sous mandat divin ?). Tout se passe comme si c'était un cadeau du ciel (*windfall profits,* dirait Keynes) pour reconstituer les avances financières qu'il a consenties. Mais ces denrées, sur un plan théologique, à qui appartiennent-elles ? Le Maître se substitue au propriétaire suprême, étant investi « d'un droit divin sur les produits ».L'appropriation des personnes justifie l'appropriation sans partage des produits. Tel est le fondement refoulé de la loi de l'offre et de la demande.

Politique chrétienne de l'usure

Après avoir traité des Maîtres et des Esclaves, Baxter livre ses directives [17] concernant le prêt à intérêt ou « usure ».

Richard Baxter ne propose pas de refaire l'histoire de l'institution de la prohibition du prêt à intérêt. Il estime qu'elle est suffisamment connue et que le temps est venu de montrer que cette prohibition n'a aucun fondement théologique.

Il veut prouver qu'une telle usure n'est pas interdite par Dieu. Il livre ses arguments à l'intention des hommes d'affaires.

1. Le taux d'intérêt ne nous est pas interdit par la loi de Moïse : Ce qui est interdit expressément, c'est l'acte d'inhumanité envers les pauvres et les frères, (*Exode. xxii. 25. Lévit. xxv. 36, 37)*. Oui, quand les pauvres ne sont pas nommés, c'est des nécessiteux qu'il s'agit. Du moins les circonstances des divers textes montrent qu'il ne s'agit que de prêter aux nécessiteux, par charité, et non de prêter pour favoriser un enrichissement personnel.

2. En revanche, il est expressément permis d'en faire usage avec des étrangers à qui rien d'injuste ou d'inhumain ne pourrait être fait ; aucune mesure de charité n'est exigée envers eux, comme elle peut l'être envers des frères.

Or, il y a plus de marchands étrangers qui commercent avec les prêteurs que de Juifs : de sorte que l'interdiction de l'usure est dans la loi elle-même restreinte seulement à leurs prêts aux pauvres. Et si cela avait été interdit dans la loi de Moïse seulement, cela ne s'étendrait pas aux chrétiens

---

[17] http://digitalpuritan.net/richard-baxter/ DE L'USURE - POLITIQUE CHRÉTIENNE. 321-322- ANNUAIRE CHRÉTIEN - PARTIE IV

maintenant ; parce que la loi de Moïse, en tant que telle, n'est plus en vigueur : la référence en est en grande partie la loi de nature dorénavant ; la loi mosaïque ne s'étendait pas aux Gentils chrétiens ; comme il est clair dans *2 Cor. iii. 7. Gal. iii. 19. 24. v. 3. Ephès, ii. lô. 1 Tim. i.7. Héb. vii. 16.12.19*

La loi de Moïse en tant que telle n'a jamais lié aucune autre nation, sauf les prosélytes qui se sont joints aux Juifs. Encore moins nous oblige-t-elle, nous qui sommes les serviteurs du Christ.

3. Il n'y a pas de loi positive du Christ interdisant toute usure : comme pour *Luc vi. 32. 35.* Il ne dit pas : « Prêtez sans chercher de gain ni d'augmentation », mais « ne cherchez plus rien ». Et le contexte montre que le sens doit être l'un de ces deux termes. : soit « Ne prêtez pas qu'à ceux qui vous prêteront en échange quand vous serez dans le besoin ; mais même aux pauvres, à qui vous ne pouvez jamais espérer emprunter » ou bien « prêtez non seulement à ceux qui sont capables de vous payer et où votre capital est garanti, mais aussi aux nécessiteux où votre argent est risqué ; et bien qu'ils vous paieront s'ils le peuvent, vous n'avez pourtant que peu ou pas d'espoir qu'ils soient jamais en mesure de rembourser : prêtez de manière à être disposé à en faire don au cas où l'emprunteur ne le rembourserait jamais. »

Il faut noter que l'esclavage pour dettes n'a pas disparu lorsque le pasteur Baxter écrit son œuvre. Ses exhortations à l'abandon de créances ne sont pas suivies au pied de la lettre, car nombreux sont les esclaves blancs déportés outre-atlantique pour dettes (liées souvent aux échanges matrimoniaux non soldés).

4. La loi de nature n'interdit que trois sortes de péchés, écrit Baxter : 1. Ceux qui sont contraires à la piété envers Dieu. 2. Ceux qui sont contre notre propre bien-être. 3.

Ceux qui sont contre le bien de notre prochain : c'est-à-dire, 1. Contre la justice. 2. Contre la charité. 3. Et que l'usure n'est pas naturellement un mal contre la piété envers Dieu ou contre nous-mêmes et notre propre bien-être. Baxter dit : « Je n'ai pas besoin de le prouver, parce qu'aucune personne raisonnable ne porte une telle accusation contre cela. Bien que ceux qui la pensent absolument illégale, disent que l'usure est par conséquent contre Dieu, comme toute violation de sa loi l'est, en fait cela n'a rien à voir à l'affaire. Par conséquent, il n'y a aucun doute, et toute la controverse est résolue dans cette dernière question : savoir si toute usure est contraire à la justice ou à la charité envers notre prochain. Ce qui n'est pas contre la justice peut être contre la charité : mais ce qui est contre la charité n'est pas toujours contre la justice. Et ce qui est un acte de charité n'est jamais contre la justice. Il y a une usure qui n'est ni contre la justice ni contre la charité. » Et Richard Baxter de conclure : « Si je prouve qu'elle est charitable, il est superflu d'en dire davantage. »

Commentaire sur le taux d'intérêt

Richard Baxter et de nombreux théologiens protestants préconisent la dérégulation financière du prêt à intérêt. Ils prononcent là un « non-lieu » théologique en même temps qu'ils resserrent les règles à observer dans le traitement des esclaves. L'histoire des débuts de la colonisation nord-américaine est traversée par une nette opposition entre les *adventurers,* qui voulaient créer des plantations grâce à la main-d'œuvre des *indentured servants (esclaves blancs anglophones)* ou des *« engagés » (esclaves blancs francophones).* Ceux-là voulaient vivre en seigneurs.

Différente est la disposition d'esprit spécifiquement bourgeoise des puritains. Pour Max Weber, la conception puritaine de la vie favorise en toutes circonstances — et cela est évidemment beaucoup plus important que le simple encouragement à la formation de capital — la tendance à adopter une conduite de vie bourgeoise, *rationnelle* au plan économique. La sobriété veille sur le berceau de « l'homme économique » moderne, qui « échange des produits contre des produits », tout en occultant l'esclave qui l'approvisionne en produits.

Dès 1632, on se plaint de la forte « avidité de profit » des habitants de la Nouvelle-Angleterre. Dans *L'Éthique protestante et l'esprit du capitalisme*, Max Weber cite des sources qui parlent en particulier des *sectes* puritaines (baptistes, quakers, mennonites) comme d'une couche en partie démunie, en partie composée de *petits* capitalistes, qu'elles opposent tant à l'aristocratie des grands marchands qu'aux aventuriers de la finance. Mais c'est justement de cette couche de *petits* capitalistes, et *non* des mains des grands financiers, tels que les monopolistes, fournisseurs de l'Etat, bailleurs de fonds publics, entrepreneurs coloniaux, *promoters,* etc., qu'est sorti ce qui est *caractéristique* du capitalisme occidental : à savoir l'organisation du travail industriel sur la base d'une économie d'entrepreneurs.

CHAPITRE 8
LES PHYSIOCRATES ET LES CLASSIQUES

Au tournant du XVIIIe et XIXe siècle, les débats français sur la fixation du prix du travail servile sont un révélateur des tensions entre morale et calcul dans une société en cours de démocratisation.

Des contestations de l'esclavagisme existent mais sont plutôt rares. Par exemple, la pétition pré-révolutionnaire suivante demeure une exception mais ô combien éloquente et significative :

> « Les habitants et communauté de Champagney ne peuvent penser aux maux que souffrent les nègres dans les colonies sans avoir le cœur pénétré de la plus vive douleur, en se représentant leurs semblables, unis encore à eux par le double lien de la religion, être traités plus durement que ne le sont les bêtes de somme. Ils ne peuvent se persuader qu'on puisse faire usage des productions desdites colonies si l'on faisait réflexion qu'elles ont été arrosées du sang de leurs semblables, ils craignent avec raison que les générations futures, plus éclairées et plus philosophes, n'accusent les Français de ce siècle d'avoir été anthropophages, ce qui contraste avec le nom français, et plus encore celui de chrétien. C'est pourquoi leur religion leur dicte de supplier très humblement Sa Majesté de concerter les moyens pour de ces esclaves en faire des sujets utiles au royaume et à la patrie. (Cahiers de doléances du Bailliage d'Amont, 1927, CRDP de Besançon, 1988, p. 94)

Cette doléance est probablement suggérée par un notable de Champagney, Priqueler, capitaine de cavalerie et membre de la Société des Amis des Noirs dont Jean-Baptiste Say était sympathisant.

Comme le montre cette doléance des habitants de Champagney, la férocité et la cruauté de l'esclavage dans les Antilles sont connues. Mais l'Assemblée constituante se livre à une continuelle politique d'évitement du règlement de la question de l'esclavage.

— le 24 septembre 1791, la Constituante décrète qu'elle n'est pas compétente pour statuer sur le statut des gens de couleur et que cette décision relève des assemblées coloniales ;

— le 28 septembre 1791, réitérant une disposition déjà présente dans le Code Noir (Colbert,1681), l'esclavage est aboli en France. En fait, il n'y a en droit pas d'esclaves en France depuis le 3 juillet 1315 date du préambule de Louis X le Hutin selon lequel tout esclave « touchant » le Royaume de France est libre ».

Il n'y a donc pas de « propriété de l'homme par l'homme » sur le sol français depuis longtemps lorsque le débat sur l'abolition s'engage. Une disposition similaire existe en Angleterre, où le contact avec le sol britannique émancipe tout autant, si bien que dans l'esprit des fondateurs de la loi de l'offre et de la demande, l'esclave est repoussé à la périphérie du champ de réflexion. Ce qui n'empêche pas l'élaboration d'une problématique sur les coûts de main-d'œuvre.

Les calculs économiques dans le débat qui conduit à l'abolition

Les calculs que Pierre Samuel Du Pont de Nemours fait paraître en 1771 dans la revue physiocratique *Les éphémérides du citoyen*, donnent lieu à une série de calculs sur le coût comparatif du travail libre et du travail servile. Entre les abolitionnistes et les colons le calcul fait son chemin jusqu'aux commissions parlementaires et royales qui sont mises en place par la Monarchie de juillet dans les années 1830-1840. Ils ont permis le chiffrage des indemnités d'expropriation « pour cause d'émancipation » versées aux colons par la Nation.

Cette série de calculs soulève une question : comment les calculs et les considérations morales sont-ils combinés par les différents intervenants au débat lorsqu'il s'agit de mettre un prix sur les deux formes de travail ?

Le travail libre doit se substituer au travail servile

Selon la vigoureuse formule que François Quesnay place dans l'introduction de la *Philosophie rurale*, « Les calculs ne peuvent être attaqués que par des calculs ». L'École Physiocrate qu'il a fondée forme des penseurs qui participent, entre autres, aux débats sur l'esclavage. Ils démontrent généralement que le travail libre est d'un meilleur rapport qualitatif que le travail servile. Par le simple jeu du marché et de la concurrence libre et non-faussée, la société doit par conséquent annihiler l'infâme institution de l'esclavage et de la propriété de l'homme par l'homme. En vertu de l'adage selon lequel « on ne supprime bien que ce que l'on remplace », le travail libre doit se substituer au travail servile puisqu'il est plus productif.

D'emblée, Du Pont affirme que quelle que soit l'efficacité économique du travail servile, l'esclavage doit être aboli. Toutefois, il entend apporter à l'indignation de certains activistes et au lyrisme poignant de poètes affligés, la force d'un nouvel argument : le calcul économique qui veut montrer que l'immoralité de cette institution se double de son inefficacité économique.

Les détails des calculs

Du Pont calcule les éléments constitutifs du coût du travail servile. Le résultat auquel il aboutit est donné sous forme d'un calcul élémentaire dans lequel une série de cinq items sont quantifiés pour aboutir à un coût annuel de 420 livres par esclave acheté 1200 £ :

1) Intérêt du capital immobilisé : 120 livres
2) Coût de remplacement du capital (10 ans) : 120 livres
3) Entretien : 100 livres
4) Coût du commandeur : 42 livres
5) Coût de la sécurité : 38 livres

Total : 420 livres

Aussi simple qu'il soit, ce calcul incorpore une forte dimension morale et politique par la sélection des items constitutifs du calcul. Le fait de tenir compte du coût d'achat de l'esclave et de l'imputer sur une durée de dix ans ne pose pas de problème tant il s'impose à tout calculateur ; il en va de même du coût de la nourriture et des vêtements. Du Pont est déjà plus original en incluant dans le coût du travail servile, le coût du remplacement puisque la durée de vie moyenne de l'esclave n'est que de dix ans. Son calcul prend une tournure moralement plus marquée encore avec les deux derniers items.

Prendre en compte le coût du « commandeur » met en évidence le fait que l'esclave travaille sous la contrainte ; cet item signifie qu'il faut prendre en compte ce qu'un économiste libéral du XIXe siècle dénommera le « coût des coups de fouet ». Prendre en compte ce coût est une forme très explicite de « moralisation » du calcul ; l'item suivant s'avance encore plus dans cette voie. En effet, Du Pont veut tenir compte des effets de l'esclavage sur la vie quotidienne des planteurs, lesquels, selon lui, vivent dans la peur d'une éventualité désagréable, celle d'une rébellion de leurs esclaves. Du Pont introduit un coût hypothétique qui représente ce que les planteurs seraient prêts à payer pour être débarrassés de cette peur.

Le résultat du calcul est évident : le travail servile est plus coûteux que ce qu'en disent les colons ; surtout, il est plus coûteux que le travail libre. Du Pont trouve donc dans le calcul un appui à l'argument moral — l'odieuse soumission d'un être humain à un autre — ainsi que le moyen concret d'y mettre fin sans menacer l'activité économique dans les îles. Pour le même prix, les colons peuvent obtenir du travail libre, que les millions de pauvres européens qui gagnent bien moins que ce que coûtent les esclaves seraient prêts à leur offrir. En outre, comme Du Pont postule, ainsi d'ailleurs que les abolitionnistes, le travail libre est deux fois plus productif que le travail servile. Le gain pour les colons ne fait plus de doute à ses yeux. Il choisit de porter le fer contre l'esclavage, dans une période où cela ne va nullement de soi. L'objectif est de convaincre les tenants de l'esclavage aussi bien que leurs adversaires abolitionnistes, de l'avantage qu'il y a à recourir au travail libre.

Il est contesté.

Le conservatisme des ségrégationnistes

D'autres auteurs restent plus ambigus. Leur influence est sensible sur Adam Smith lui-même, par exemple, Le Mercier de la Rivière, intendant des îles du Vent, puis de la Martinique, partisan d'une politique ségrégationniste et membre du Club Massiac. Ou Le Trosne, ouvertement raciste qui profère : » Je ne considère les nègres que comme des animaux servant à la culture ». Mais si les débats intellectuels s'orientent globalement vers l'abolitionnisme, les débats politiques européens ne débouchent pas sur l'abolition de l'esclavage avant le milieu du XIXe siècle.

Le refoulement chez les Classiques

Selon Adam Smith, qui a rencontré François Quesnay et ses amis, ainsi que des planteurs français, rien ne vaut quantitativement et qualitativement, pour inciter un homme au travail, l'intéressement aux résultats, associé à l'espoir de constituer un capital et d'accroître sa richesse personnelle. C'est vers cette thèse défendue par Smith, et tant d'autres avec lui, d'un esclavage relativement moins profitable que le salariat, que J.-B. Say va tendanciellement converger, au cours d'une lente évolution des termes de l'argumentation qu'il dirige de bout en bout contre l'esclavagisme.

Le philosophe qu'est aussi Adam Smith, avec la *Théorie des sentiments moraux* et *Lectures sur la jurisprudence*, démontre également que du point de vue moral et utilitariste l'esclavage est détestable pour la société. Pour l'auteur, l'institution servile naît du désir de domination des hommes. Sa suppression n'est alors possible que par le droit et par l'intervention d'un souverain.

Adam Smith opère une rupture radicale avec le mercantilisme et avec la logique du système colonial esclavagiste. L'esclavage se révèle en dernière instance très coûteux et inefficace car il ne favorise pas la productivité du travail :

« L'expérience de toutes les nations, je crois, s'accorde pour démontrer que l'ouvrage fait par des esclaves, quoiqu'il ne paraisse coûter que *les frais de leur subsistance*, est au bout du compte, le plus cher de tous. Celui qui ne peut rien acquérir en propre ne peut avoir d'autre intérêt que de manger le plus possible et de travailler le moins possible » (*La Richesse des Nations*, 1776, III, 2).

Ici, « les frais de leur subsistance » des esclaves auxquels il est fait allusion font l'objet d'avances financières. La reconstitution de ces avances implique une augmentation de la production par un multiple que l'auteur de la Richesse des Nations n'évalue pas, mais sans doute ce multiple est-il plus faible pour l'esclave des Tropiques que pour le travailleur libre.

Du fait de la violence extrême qui s'exerce contre elle, la main-d'œuvre servile « s'use » plus vite que la main-d'œuvre salariée. La relation qui oppose le maître et l'esclave est par essence conflictuelle alors que celle d'un salarié et son patron le serait moins. De plus, pour Smith, « il est très rare que les esclaves soient inventifs ; et toutes les améliorations les plus importantes, soit par les machines, soit dans l'arrangement et la distribution de l'ouvrage qui facilitent et abrègent le travail ont été découvertes par des hommes libres » (*ibid.*, p. 781). L'économie de l'esclavage ne permet pas d'innovations technologiques ni de développement économique sur le long terme. Mais Adam Smith omet cependant de poser la question de la reconstitution des avances qui se pose à très court terme, pendant le temps de la production. Cette question se pose pour tous les maîtres en même temps. Ils sont donc tous contraints d'augmenter leur production simultanément. Le refoulement de cette contrainte spécifique est un obstacle avéré à la consolidation des lois du marché.

Pour Adam Smith, la véritable raison de l'intérêt du maître pour le maintien de l'esclavage est davantage psychologique qu'économique. « L'orgueil de l'homme fait qu'il aime à dominer ». Son ami intime, David Hume, autre « lumière écossaise », partage avec lui son aversion pour les esclavagismes.

À propos d'un texte de David Hume sur l'esclavage dans l'Antiquité

Les préconisations de Richard Baxter dans la lutte contre les maltraitances ne sont pas suivies d'effet. Un siècle plus tard, David Hume reprend le flambeau. Dans *Du peuple-*

ment des nations anciennes, Essai de 1752 dans lequel David Hume fustige les maux de l'esclavage, il faut voir une sorte de désapprobation morale des maltraitances infligées aux esclaves.[18] Le philosophe analyse la relation entre la peur chronique et les maux spécifiques qu'il pointe du doigt comme un dysfonctionnement politique grave de la société.

Cependant, si les contemporains peuvent se sentir concernés par le texte de Hume, ce n'est pas une question mise particulièrement en avant dans l'opinion commune. Aussi l'expression utilisée dans le titre du présent commentaire, "*la sévérité du maître, et la misère de l'esclave*", indique-t-elle la pertinence des apports matériels pour le thème, mais Il semble que la discussion de Hume n'a encore jamais été liée à cette problématique auparavant. L'esclavage n'est pas un sujet.

L'essai de Hume est de loin le plus long de ses Essais, comptant 186 paragraphes et citant quelque 360 textes grecs et latins.

Son objectif principal est de contrer l'idée que le monde antique était plus densément peuplé que le monde de son temps.

Au début de sa discussion sur « l'économie domestique », il y a une section statistique sur l'esclavage, car le nombre d'esclaves était bien sûr très pertinent pour son thème. Et puisqu'il parle d'économie domestique, il ne dit rien à ce point sur les esclaves « productifs », c'est-à-dire les esclaves qui travaillent pour le marché dans de petits ateliers comme celui du père de Démosthène, ou en plus grand nombre comme dans les mines de Laurion ; ceux-ci entrent dans son argumentation à un stade ultérieur et dans un contexte différent. À strictement parler, il ne devrait même rien dire non

[18] Harvey David C. "The severity of the master, and misery of the slave": Fears and Evils in David Hume's Essay Of the Populousness of Ancient Nations. In: Fear of Slaves - Fear of Enslavement in the Ancient Mediterranean (Discourse, representations, practices). Rethymnon 4-7 november 2004; https://www.persee.fr/doc/girea_0000-0000_2007_act_29_1_1008

plus ici à propos des esclaves dans l'agriculture. En fait, ces distinctions sont artificielles, puisque les ateliers grecs étaient souvent à l'intérieur de la maison, tandis que la villa romaine et la ferme étaient interdépendantes.

Mais avant que Hume n'aborde l'importance de l'esclavage dans la population, il fustige ses vices. C'est surprenant : pourquoi a-t-il décidé de commencer ainsi ? Il semble que les droits et les méfaits de l'esclavage sont un sujet d'actualité, et un bon moyen d'attirer les lecteurs. Voici le passage :

"La principale différence entre l'économie domestique de l'Antiquité et celle des modernes consiste dans la pratique de l'esclavage.

... Des admirateurs passionnés des anciens, et des partisans zélés de la liberté civile... ne peuvent s'empêcher de regretter la perte de cette institution ; et tandis qu'ils stigmatisent toute soumission au gouvernement d'une seule personne en la traitant d'esclavagiste, ils seraient heureux de réduire la plus grande partie de l'humanité à un autre véritable esclavage.

« Mais ... la soumission à un petit prince, dont les dominations ne s'étendent pas au-delà d'une seule ville, est plus grave que l'obéissance à un grand monarque ; tant l'esclavage domestique est plus cruel et plus oppressant que toute autre sujétion civile quelle qu'elle soit.

« Plus le maître nous est éloigné en lieu et en rang, plus nous sommes libres de prendre du plaisir ; moins nos actions sont inspectées et contrôlées ; et plus faible devient l'écart cruel entre notre propre sujétion, et la liberté. Les vestiges qui subsistent de l'esclavage domestique, dans les colonies AMÉRICAINES, et parmi certaines nations EUROPÉENNES, ne créeraient sûrement jamais le désir de le rendre plus universel. La faible humanité, communément observée chez des personnes habituées, dès leur enfance, à exercer ainsi une grande autorité sur leurs semblables, et à piétiner la dignité humaine, suffisaient à elles seules à nous dégoûter de cette domination illimitée. On ne peut pas non plus trouver institution plus appropriée pour favoriser les mœurs autoritaires, je dirais barbares, des temps anciens, que la pratique de l'esclavage domestique ; par lequel tout homme de rang était transformé en petit tyran, et éduqué au milieu de la flatterie, de la soumission, et de l'avilissement de ses esclaves. Selon la pratique ancienne, tous les contrôles pesaient sur les inférieurs, pour les contraindre au devoir de soumission ; aucun sur les supérieurs, pour les engager aux devoirs réciproques de douceur et d'humanité. Dans les temps modernes, un mauvais serviteur ne trouve pas facilement un bon maître, ni un mauvais maître un bon serviteur ; et les méfiances sont réciproques, conformément aux lois inviolables et éternelles de la raison et de l'équité ».

David Harvey, qui commente David Hume sur l'esclavage souligne que le philosophe d'Edinbourg décrit longuement les faits de maltraitance, tous plus horribles les uns que les autres, qu'il a relevés dans les textes des Anciens (Grecs et Romains). Il en souligne les aspects terrorisants sur la population servile. Mais à aucun moment, relève Harvey, Hume n'envisage que la peur puisse changer de camp, et les maîtres craindre d'être expropriés, soumis et réduits eux-mêmes en servitude. L'esclavage que Hume a sous les yeux est essentiellement noir, lointain géographiquement et culturellement insignifiant. Il faut en respecter la dignité, mais il n'y a rien à craindre en termes de rapport des forces politiques. Ce à quoi souscrit son cher collègue et ami, Adam Smith.

Les « lords du tabac » et les « lumières écossaises »

Le contexte historique est précisément celui d'une Écosse en pleine prospérité économique. La pensée smithienne se bâtit au contact du réel, d'une expérience vécue.

De 1751 à 1764, Adam Smith enseigne la philosophie morale à l'Université de Glasgow et intègre le « club d'économie politique » de la ville. Par cette double expérience, Adam Smith fréquente les hommes à l'origine de la richesse de la ville : les marchands enrichis notamment par le commerce du tabac, surnommés les « lords du tabac ». Au milieu du XVIIe siècle, l'Écosse connaît en effet une richesse inédite grâce au tabac importé des plantations de Virginie et du Maryland en Amérique du Nord puis réexporté en Europe. Glasgow se transforme en une des villes les plus riches et un des plus grands ports d'Europe ; et sa nouvelle richesse née du tabac entraîne le développement d'autres secteurs industriels - tels ceux du lin, du fer ou de la tannerie, mais aussi de grandes banques. Des raffineries de sucre s'y construisent en plus grand nombre qu'à Liverpool. Cependant, cette prospérité ne s'explique pas seulement par le talent et l'esprit d'entreprise des marchands écossais et des colons européens installés en Amérique du Nord. Un autre facteur joue un rôle central : la main-d'œuvre abondante et à bon marché fournie par l'esclavage. Les esclaves dans les colonies, étaient à la fois des fournisseurs de produits à l'Écosse, des consommateurs de produits venant d'Écosse et des marchandises échangées contre des marchandises européennes, notamment des armes qui permettent aux fournisseurs locaux de la traite coloniale, d'organiser les razzias de captifs et de « faciliter » l'approvisionnement. La nouvelle richesse écossaise est en effet incompréhensible si le travail des esclaves produisant le tabac, mais aussi le sucre ou le coton, est ignoré. C'est pourtant ce que fait Adam

Smith dans son œuvre. Les « lords du tabac », l'Écosse et les colonies prospèrent grâce à l'esclavage noir encadré par les contremaîtres blancs, asservis pour dettes. Le philosophe ne peut l'ignorer puisque cette vérité est connue de tous, évidente et visible mais il la passe pourtant sous silence. Au lieu d'appuyer ses théories sur la sombre réalité de l'esclavage, le philosophe préfère prendre l'exemple célèbre d'une manufacture d'épingles.

Dans *l'Essai sur le peuplement des nations anciennes* », David Hume décrit l'esclavage antique sans faire le lien avec les conditions de marché de l'époque antique. Mais ailleurs dans son œuvre si importante, il décrit notamment les conditions de marché, comme par exemple, le lien entre taux d'intérêt et taux de profit ou le rééquilibrage automatique de la balance des paiements, sans faire le lien avec l'esclavage qui lui est contemporain. Le même refoulement se constate dans la pensée de son compatriote Adam Smith.

L'avance proportionnée au profit espéré

La Richesse des Nations fournit un indice de l'argumentation qui permet de lier l'avance financière et le profit.

Adam Smith écrit, en parlant de l'entrepreneur : « *De même qu'il avance à ses ouvriers leurs* salaires, ou leur subsistance tandis qu'il adapte et met ses marchandises sur le marché, de même il s'avance sa propre subsistance, qui est en général proportionnée au profit qu'il peut raisonnablement escompter de la vente de ses marchandises » [19].

Smithl fait une distinction ici entre les ouvriers qui perçoivent des salaires et ceux qui vivent d'une « subsistance » ; ceux-ci, à n'en pas douter, sont les esclaves. Ces rémunérations sont des coûts de production. Elles sont déterminantes pour la fixation du prix. Mais l'avance que se

[19] Richesse des Nations Tome 1 Ch. VII Du prix naturel des marchandises et de leur prix de marché

fait l'entrepreneur à lui-même est d'une nature différente. Ce n'est pas un coût de production (puisqu'il n'y a pas de marché pour le facteur « esprit d'entreprise »). C'est l'entrepreneur qui décide individuellement des moyens qu'il prélève sur les ressources de l'entreprise pour satisfaire ses besoins privés et ceux de son entourage. La règle économique fondamentale de la loi du marché est que cette avance doit être reconstituée sur le marché. Elle le sera par les dépenses faites par les consommateurs qui ont perçu des salaires, mais aussi grâce aux dépenses des autres entrepreneurs qui se sont fait des avances à eux-mêmes.

L'ensemble des avances octroyées à eux-mêmes par les entrepreneurs (pour consommer ou pour investir) représente l'ensemble des profits distribuables sur le marché. S'il y a des inégalités dans la distribution des profits, cela est dû à ce que certains entrepreneurs « reconstituent » plus qu'ils n'ont avancé, tandis que d'autres « reconstituent » moins. C'est la loi du marché. L'équilibre n'est pas garanti pour chaque entreprise individuellement, mais il l'est au niveau général pour l'ensemble de la société. Il peut y avoir une insuffisance généralisée de « reconstitutions », et alors les marchés sont en surproduction générale. Ce qui n'est pas un risque grave en régime esclavagiste.

Si la part des ouvriers vivant de subsistance (les esclaves) est significative, les coûts de production sont contenus par la contrainte. "Les avances financières deviennent « reconstituables » plus aisément que dans un système salarié « libre ».

Par ailleurs, lorsque la communauté des entrepreneurs se tient régulièrement informée des avances mises en œuvre par les uns ou les autres, les débouchés solvables sont mieux identifiés. Les profits peuvent être escomptés de façon raisonnable et ainsi l'aversion au risque de faire des avances diminue. Tout se passe comme si la fréquentation des réunions de « clubs » de la communauté des entrepreneurs facilitait la diffusion des informations utiles à la prise de décision.

Adam Smith occulte donc complètement le fait que la prospérité écossaise s'enracine dans la soumission forcée d'une main-d'œuvre abondante : à la fois l'échange d'esclaves dans le cadre du commerce triangulaire (Afrique/Amérique/Europe) et le commerce des denrées issues des plantations. Cet « impensé » biaise forcément la valeur de sa démonstration. Si les prémisses de la théorie sont fausses, que vaut alors la démonstration ? Ainsi, au regard de la vérité historique, la richesse écossaise, comme celle de nombreux autres pôles de développement occidentaux, s'explique moins par la « main invisible » smithienne que par « les mains invisibles » des ouvriers de plantation non-salariés.

La loi de Say

Peu de temps avant sa mort, Jean-Baptiste Say prononce sa cinquième leçon au Collège de France. Il développe sa conception de l'avance financière faite par l'entrepreneur à la production :

« Si nous observons de quoi se compose l'opération d'un entrepreneur qui s'occupe à créer un produit, nous remarquerons qu'elle consiste à consommer les objets sur lesquels s'exerce son industrie, à consommer les outils qui lui servent, à consommer les journées des ouvriers qu'il emploie ; et nous remarquerons en outre que toutes les consommations ne sont que des avances ; car il en sortira un produit dont la valeur le remboursera …

« Or, Messieurs, les fonctions d'un capital sont de fournir la valeur de ces avances ; de se laisser consommer pour renaître sous d'autres formes ; de se laisser consommer de nouveau pour renaître encore ; et ainsi de suite éternellement, pourvu que la même valeur capitale soit assez habilement employée pour renaître constamment et pour être employée d'une manière productive. En moins de mots un capital est une somme de valeurs consacrées à faire des avances à la production. »[20]

De son activité l'entrepreneur tire un produit dont la valeur le rembourse. Say est assez sûr de lui pour fonder ainsi la « loi des Débouchés » qui connaît un grand retentissement. Mais les conditions de la reconstitution de l'avance financière demeurent confuses . Elle est incluse dans l'offre, comme un passager clandestin, et cette inclusion implicite permet de concevoir que l'offre crée sa propre demande. L'équilibre général, sans surproduction ni pénurie est ainsi garanti. Say écrit :» Le fait seul de la formation d'un produit ouvre, dès l'instant même, un débouché à d'autres produits »[21]. En réservant à la sphère individuelle de l'entrepreneur privé la décision de faire l'avance financière, les chercheurs en sciences sociales, successeurs de Say, s'interdisent de la prendre en considération. D'après eux, il n'y a rien à mesurer de cette inclusion des avances dans l'offre. Le fait aveuglant que l'offre amputée de ces avances financières, peut n'être presque rien, parfois, si elle n'est pas accompagnée de profits payés d'avance leur échappe totalement. Seuls les résultats comptent et ils se mesurent à la fin des opérations de marché quand vient l'heure des bilans, et quand sont identifiés les profits. De ceux-ci, nul ne connaît l'origine, ou n'ose l'évoquer. C'est le cas de David Ricardo (1772-1823), adepte de la loi de Say, qui écrit dans *Principes de l'économie et de l'impôt,* à propos de la rente des mines :

---

[20] Say J.-B. Leçons d'Économie Politique. Cours au collège de France PP.454-455 Economica 2003

[21] Denis, H. *La « loi de Say » sera-t-elle enfin rejetée ? Une nouvelle approche de la surproduction.* Economica. Paris 1999 P.1

« Le métal extrait de la mine la plus pauvre qui soit exploitée doit, pour le moins, avoir une valeur d'échange suffisante non seulement pour fournir tous les vêtements, vivres et autres biens nécessaires consommés par ceux qui extraient ce métal et ceux qui le mettent sur le marché, mais aussi pour procurer les profits courants et ordinaires à celui qui avance le capital nécessaire à la poursuite de l'entreprise. Le rendement du capital de la mine la plus pauvre qui ne paie pas de rente détermine la rente de toutes les autres mines plus productives. »[22]

Il est surprenant de constater que « ceux qui extraient le métal et ceux qui le mettent sur le marché » ne soient pas considérés comme des travailleurs « libres » puisque leurs rémunérations ne sont pas prévues explicitement dans la liste des dépenses à prévoir pour leur subsistance. Il s'agit donc manifestement d'esclaves qui appartiennent à celui qui fait l'avance. Celle-ci concerne la « subsistance » de l'esclave et aussi celle du maître. Le même vocable « subsistance » est utilisé pour les deux situations (maître-esclave) par les Classiques de façon à entretenir une confusion sémantique masquant certaines choses. Le théoricien de la valeur-travail, David Ricardo, décrit une activité minière de travail sans valeur. En revanche, il ne faut pas omettre de procurer le profit ordinaire de l'entrepreneur. L'avance est partagée entre la subsistance des esclaves et celle du maître, mais elle n'est reconstituée sur le marché qu'à l'avantage du maître. Ce partage inégal se fonde sur la légitimité de la propriété de l'homme par l'homme.

---

22 Ricardo, David. *Principes de l'économie politique et de l'impôt [1817]* Trad. Française. 1993 GF-Flammarion*t 508 P. P.106*

Le cas de Nantes, port français

À Nantes, en ce début de Révolution industrielle, cinq grandes sociétés dominent le secteur de la raffinerie sucrière. Toutes sont, soit influencées, soit dirigées par des familles issues du milieu maritime et négrier. L'une d'elles, fondée par Michel Delaroche, Armand Delessert et Louis Say (« petit frère » - de 7 ans plus jeune - de J.B. Say), se constitue en 1812. Associé aux Say en 1824, le négociant nantais J.-B. Etienne décide de sauter le pas. Moyennant 2 millions de francs, il prend le contrôle de la société qui associe le nom des Say à l'histoire du sucre.

Pour les planteurs et les négociants, la traite est un acte banal que des impératifs économiques suffisent à justifier. Par exemple, sans doute armé pour le commerce légitime avec l'Afrique, un brick, *l'Alcide* est suspecté de pratiques négrières en 1827. Ne trouvant pas l'occasion d'effectuer une opération avantageuse, le capitaine Rivalz échange sa cargaison contre les captifs d'un négrier portugais. « Il faudrait être bien rigoriste pour ne pas l'excuser, écrivent les armateurs, affirmant que le capitaine a agi au mieux « dans un pays où les esclaves sont en quelque sorte la monnaie de presque toutes les négociations » [23]. La faute revient pratiquement à l'Afrique elle-même, accusée de n'avoir rien d'autre à offrir que ses habitants.

De la condamnation de l'Afrique à celle des Africains, il n'y a qu'un pas, vite franchi par E. Tobin, s'adressant de Cayenne à son père qui réside à Nantes : « C'est un être indéfinissable que le nègre, un animal à dix degrés plus bas que la bête brute. Je lui refuse même une âme, car lui en accordant une d'après notre croyance, je croirais offenser la Divinité. Que nos libéraux qui prêchent tant la liberté et voudraient voir dans tous les hommes des frères, qu'ils

---

[23] OLIVIER PÉTRÉ-GRENOUILLEAU, *L'ARGENT DE LA TRAITE Milieu négrier, capitalisme et développement : un modèle.* Aubier-1996-420 p.

viennent donc vivre parmi eux, apprendre à les connaître. Nous verrions s'ils seraient pressés de les avouer leurs semblables. Non, je les en défie ».[24]

Ainsi, ni les exhortations humanistes de la morale libérale, ni les résultats probants du calcul physiocratique, qui préconisent la substitution du travail libre à l'esclavage ne sont acceptés d'emblée par les entrepreneurs. Ce qui est immoral pour Jean-Baptiste Say, c'est le caractère monopolistique des relations coloniales qui provoquent des distorsions de concurrence entravant le travail libre et favorisant outrageusement la traite des esclaves.

Une transition vers un autre modèle de développement des régions esclavagistes est envisagée par Gustave de Molinari.

Le modèle post-esclavagiste de Gustave de Molinari

Gustave de Molinari (1819- 1912) journaliste et économiste, auteur d'une soixantaine d'ouvrages, partage avec Jean-Baptiste Say, qu'il considère comme l'un de ses maîtres, et avec Frédéric Bastiat, qui était son ami, cette singularité d'être plus connu, plus étudié, plus apprécié en Amérique qu'en France.

Né à Liège, Gustave de Molinari arrive à Paris au début des années 1840. Il ne tarde pas à s'imposer, très jeune, dans le journalisme économique.

Après le coup d'État de Louis Napoléon Bonaparte en décembre 1851, Il devient professeur d'économie politique à Bruxelles et à Anvers.

Il défend des propositions concrètes pour hâter la substitution du travail libre à l'esclavage. [25]

---

[24] *Ibidem*

[25] Gustave de Molinari. *Études économiques (1846) (Partie II : De l'abolition de l'esclavage)* Institut Coppet Paris

Sans doute, écrit-il, vaut-il mieux que les colonies d'Amérique reçoivent du travail esclave que de demeurer privées de bras. Si l'on n'avait pas importé ces bras dans le Nouveau-Monde, il est probable que le sucre, le café et le coton n'y auraient point été cultivés. L'absence de ces denrées d'échange aurait retardé le développement de l'industrie et par conséquent celui de la richesse publique en Europe. Pendant longtemps encore les loisirs nécessaires à la culture de l'intelligence auraient manqué aux classes asservies du vieux monde, et l'heure de la liberté eût inévitablement été plus lente à sonner pour elles. Les captifs contribuent par leur esclavage à l'émancipation des blancs. En les affranchissant aujourd'hui nous ne faisons que rembourser une dette sacrée.

Ainsi tout s'enchaîne dans le grand dessein des affaires humaines. Partout se laisse apercevoir la loi de solidarité qui unit les peuples et les générations. Pendant que des hommes de courage et de génie souffrent la torture et montent sur les bûchers en Europe pour hâter le progrès des idées et préparer au monde de meilleures destinées, de misérables esclaves, auxquels on hésite à accorder le nom d'hommes, concourent à la même œuvre sur des plages lointaines. Chacun a sa part mesurée de travail et de souffrances dans cette dernière lutte de la civilisation contre la barbarie, et la cause de la liberté peut être autant servie par le bras de l'esclave que par l'intelligence du libre penseur. La reconnaissance des hommes rémunère les penseurs de génie, qu'elle soit aussi la récompense des esclaves obscurs !

« On fut longtemps à s'apercevoir des désavantages matériels et des odieuses nécessités morales du régime de l'esclavage. Il y a au XVIe et au XVIIe siècles, une ignorance si générale des matières économiques et une si grande barbarie dans les mœurs, que l'on passe à côté de cette monstruosité sans la voir. D'ailleurs le joug de la servitude n'a pas cessé, en Europe même, de peser sur les travailleurs agricoles. Le servage des blancs accoutume à l'esclavage des noirs. »

En fait, l'esclavage blanc est sans doute sous-estimé dans les constatations historiques. Molinari va proposer d'organiser des migrations fondées sur des contrats. Il ne sera pas écouté. Le travail servile demeure présent dans les modèles de développement européens. Peu nombreuses sont les nations à mettre en valeur l'émancipation des asservis.

Dans les Congrès sur les nationalités en Europe de l'Est, Friedrich Engels, compagnon de Karl Marx, évoque la question de la domination russe centrée « sur les 80 millions d'esclaves d'où le tsarisme tire son armée et ses finances ». [26] Si les nombres prennent un sens dans les représentations mentales des chercheurs en sciences sociales, celui des esclaves blancs dans l'Europe du XIXe Siècle éclipse celui des Noirs de la Traite. Et au XXe siècle, les déportations de travailleurs forcés négociées entre les zones occupées et le pouvoir nazi s'élèvent à quatorze millions pendant la Deuxième Guerre Mondiale. Dans le Goulag stalinien, l'évaluation est de vingt millions de travailleurs forcés. (ZEK)

Trop peu de réflexions sont dirigées vers les causes et les conséquences de la réduction massive en servitude qui revêt de multiples formes.

Les propositions de Molinari

Molinari se penche particulièrement sur l'expérience post-esclavagiste anglaise.

Il écrit : « En se chargeant de l'initiative de l'abolition de l'esclavage, à commencer par celle de la Traite (1807),

---

[26] Miklos Molnir, Marx, Engels et la politique internationale P. 102. Idées / Gallimard 1975

l'Angleterre fait une grande et hardie expérience, et toute expérience est inévitablement marquée par des fautes, surtout lorsqu'elle n'est point suffisamment guidée par la théorie. Or, les lois qui régissent le travail humain et les phénomènes économiques qui dérivent de ces lois n'ont point encore été observées avec assez de lucidité et de précision à l'époque pour qu'il fût possible de prédire d'une manière certaine quels seraient les résultats de cette grande opération.

« Menacées de ruine par le manque de main-d'œuvre et la surélévation des salaires, les colonies songent à prendre des remèdes efficaces pour se débarrasser de cette double plaie économique dont elles sont redevables au régime du travail libre. Les anciens esclaves ne veulent plus travailler tandis que la main-d'œuvre disponible est « hors de prix ».

Les remèdes à la récession post-esclavagiste

Ces remèdes, tout le monde commence à les désigner ; ils consistent, d'une part, dans l'amélioration des cultures, de l'autre dans l'immigration des travailleurs étrangers.

- L'amélioration des cultures, en diminuant la quantité de travail nécessaire aux exploitations agricoles, doit naturellement avoir pour résultat d'abaisser la somme des salaires à payer.
- L'immigration des travailleurs étrangers, en faisant naître une concurrence aux ouvriers nouvellement émancipés devenus les maîtres du marché, doit réduire les salaires à un taux plus normal.

Prises en temps opportun, ces deux mesures auraient pu prévenir la crise coloniale. Comment se fait-il donc que l'on ait attendu pour y avoir recours que le mal se soit trouvé accompli ?

Le retard apporté à l'amélioration des cultures doit être attribué à deux causes.

- La première est l'absentéisme des propriétaires coloniaux. Dans cette grande expérience de l'émancipation, les propriétaires seuls pouvaient résoudre toutes les difficultés que devait inévitablement présenter la transition du régime d'esclavage au régime de liberté.
- La seconde cause de ce retard funeste n'est autre que l'établissement du régime d'apprentissage : l'émancipation et l'affranchissement des esclaves ne sont pas gratuits, ils doivent continuer à travailler pour « racheter » leur liberté. Ce régime, dénommé « apprentissage », d'une durée de quelques années, s'apparente à une forme d'esclavage pour dettes, bien connue dans l'histoire de l'humanité, sauf qu'il est plus dur, plus oppressif encore. Comme l'esclave, l'apprenti travaille contre sa volonté, sous l'empire de la contrainte. Or, il est évident que l'emploi des procédés d'une culture perfectionnée réclame avant tout des travailleurs de bonne volonté, des travailleurs libres. Les difficultés inhérentes à un changement dans le mode des cultures rendent plus indispensable encore le concours d'ouvriers zélés et intelligents. Il faut, pour surmonter ces difficultés, mieux que le labeur machinal de misérables apprentis aiguillonnés par la crainte du fouet ou du *tread-mill*, enchaîné à la roue du moulin.

L'équilibre de plein-emploi compromis

Molinari écrit : » L'ignorance de la loi économique qui régit le travail contribue surtout à retarder l'immigration. Personne ne suppose, avant l'émancipation, que la rareté de cette denrée que l'on nomme du travail placerait les planteurs qui la consomment sous la dépendance absolue des nouveaux émancipés qui la produisent ; personne ne sait d'une manière positive, avant cette expérience désastreuse, que les salaires ne peuvent être équitablement réglés que lorsqu'il y a équilibre entre l'offre et la demande de bras ;

personne ne comprend clairement que l'établissement de cet équilibre peut seul empêcher les profits, puis les capitaux des planteurs, d'être absorbés par les salaires des travailleurs. »

Molinari pose ici un problème directement lié à la « loi se Say ». Selon cette loi, tous les producteurs reçoivent une rémunération qu'ils dépensent sous forme de consommation. *Tous les producteurs*... sauf les planteurs, les négociants, les actionnaires et les entrepreneurs eux-mêmes, qui ne sont rémunérés qu'après le calcul des résultats de la vente des denrées. Molinari n'imagine pas cette contrainte. En attendant les résultats, il faut que le capital soit utilisé pour faire des avances et assurer ainsi aux planteurs leur propre subsistance. Encore faut-il que ces avances financières puissent être reconstituées.

Si tel n'est pas le cas, alors le capital et les profits sont « absorbés », comme dit Molinari par les salaires. Telle est la loi du marché. Les effets de cette loi sont atténués temporairement par le « commerce exclusif » avec les métropoles et le non-versement de salaires aux esclaves.

L'échec de la substitution du travail libre au travail servile

La nécessité de l'immigration une fois bien reconnue, il s'agit de trouver des travailleurs propres à la culture des denrées tropicales, on ignore aussi de quelle manière il convient d'organiser leur importation.

Ainsi, la plupart des émigrants allemands, irlandais, portugais et maltais qui sont essayés à la Jamaïque ne réussissent point. On ne songe pas en les engageant à l'obstacle du climat. Malgré tant de douloureuses expériences, on oublie, dans la précipitation avec laquelle on agit, que le sol des tropiques ne peut être cultivé par des travailleurs de la zone tempérée. Des pertes assez importantes en hommes et en argent sont le résultat de cette erreur déplorable.

L'obstacle du climat n'existe pas pour les travailleurs d'Afrique. Aussi, des 1838, les espérances des planteurs se tournent-elles de ce côté. Jusqu'alors on avait demandé à l'Afrique des travailleurs esclaves, n'est-il pas naturel de lui demander désormais des travailleurs libres ? Au rapt, à la violence, il ne s'agit que de substituer l'appât du gain.

Molinari décrit de nombreuses expériences de migrations organisées depuis la Chine et différents pays d'Asie. Il s'agit d'engagements contractuels, évidemment léonins. Les résultats sont insuffisants, trop peu, trop tard. D'où la nécessité d'organiser l'émancipation graduelle des Noirs en même temps que l'immigration de travailleurs sous contrat venus d'Asie. Pour gérer la transformation, il est créé un corps de fonctionnaires au beau nom d'Agents d'Emancipation.

Au point de vue moral, la société coloniale, devenue post-esclavagiste, débarrassée des vices et des ignominies de l'esclavage, subirait la plus heureuse des transformations. Mais l'observation de la situation outre-Atlantique conduit à nuancer ce jugement.

Dans les futurs États sécessionnistes d'Amérique du Nord c'est le travail servile qui se substitue au travail libre. Organisé par les planteurs, il permet de construire les maisons, les docks, les ponts, les routes et, plus tard, les voies ferrées. Depuis les plantations où ils vivent, leurs propriétaires peuvent louer les esclaves par équipes aux sociétés et entreprises de construction, provoquant ainsi parmi les pauvres Blancs en compétition pour les mêmes emplois un ressentiment considérable. Partout dans les États du Sud, ces groupes d'esclaves offrent ainsi une vision toujours présente et vaguement menaçante. C'est finalement la guerre de Sécession de 1861-1865 qui permet l'abolition de l'esclavage dans le Sud. La société post-esclavagiste qui naît alors n'est pas aussi « harmonieuse » que Molinari le souhaite. Il manque sans doute à l'auteur une vision théorique générale des modalités sociales de l'équilibre entre l'offre et la demande qui puisse éclairer les spécificités de l'esclavage-marchandise pour la détermination de cet équilibre. La loi de Say postule la reconstitution des avances financières faites par les planteurs avec le même aveuglement que les penseurs critiqués par Molinari. Quelle peut bien être l'origine de cet aveuglement ? L'» Impensé » ou le déni, le refoulement ou la scotomisation, le tabou ou l'interdit, la honte ou la confusion, le remords ou le scrupule, telles sont les causes possibles du refus de tenir compte de l'esclavage dans les modèles. La crainte de la remise en question de l'ordre établi explique l'occultation de certains faits comme les odyssées tragiques du *Zong*, navire de traite anglais et du *Rôdeur*, navire de traite français.[27]

Le *Zong*, le *Rôdeur* et l'opinion publique

Le cas du *Zong* devient tristement célèbre en 1784 car le capitaine, dans un contexte de pénurie en eau potable, fait jeter par-dessus bord 132 captifs africains malades, dont la perte, pense-t-il, serait couverte par sa police d'assurance. L'histoire du *Zong* contribue à donner une impulsion déterminante à l'abolitionnisme britannique. Les conditions de la traite négrière, portées à la connaissance du public, mènent à son interdiction en 1807. En plus d'une volonté politique de moraliser l'esclavage, le souhait implicite de mettre en difficulté les anciennes colonies d'outre-Atlantique devenues indépendantes, inspire peut-être aussi les tenants de l'Empire britannique. Cependant, l'interdiction de la Traite n'a pas les effets attendus. La France de Louis XVIII (et de

[27] Rupprecht, Anita. *Le voyage des Aveugles. Le havre-La Guadeloupe 1819 in Les Mondes de l'esclavage- Une histoire comparée op.cit. P ;277*

J.B. Say) n'en tient pas un grand compte. Les abolitionnistes britanniques et français dans leur conviction que le gouvernement français est certes enclin à faire des promesses, mais n'a nulle intention d'entreprendre quoi que ce soit de concret pour mettre un terme à ce trafic lucratif.

Le 30 novembre 1819, la revue de la *Bibliothèque ophtalmologique de Paris* publie un article sur le cas du *Rôdeur*. Il est écrit par le chirurgien accompagnateur du voyage de ce navire de traite, lui-même rendu aveugle par l'épidémie d'ophtalmie dont furent victimes tous les passagers du navire : 130 esclaves et 22 membres d'équipage. La revue est saisie par la censure. Le sujet est qualifié de « dangereux », alors qu'il décrit les mécanismes de la contagiosité des malades.

Quelques mois plus tard, l'abolitionniste britannique Zachary Macaulay fait paraître un long Mémorandum sur la traite des esclaves à laquelle la France se livre à partir des côtes africaines. Il contient des preuves accablantes de l'ampleur de ce commerce illégal à partir des ports français. En publiant la traduction de l'article original de la revue médicale, auquel il ajoute une note au sujet de la déclaration de sinistre pour 36 décès survenus à bord, faite auprès des assureurs, Macaulay fait de I' histoire du Rôdeur la répétition de celle du *Zong*, navire de traite britannique. L'escroquerie à l'assurance, présumée ou avérée, est évidemment une malversation destructrice dans une société dont l'activité est fondée sur le crédit. Ce qui explique le retentissement des cette tragédie dans l'opinion publique, mais pas dans la redéfinition des lois du marché. Le *Zong* et le *Rôdeur* appartiennent à des banquiers, pour qui la reconstitution des avances est impérative, quoi qu'il en coûte. Fût-ce au prix de la « révolution abolitionniste ».

CHAPITRE 9
L'ÉQUILIBRE ANTHROPOLOGIQUE

À propos de l'émancipation des esclaves et de l'abolition de la Traite entreprises par les Anglais, Molinari écrit : « Toutes les fautes commises dans les Antilles anglaises pendant le cours de cette grande et admirable opération procèdent visiblement d'une seule et même cause. Dès 1807, les philanthropes de la Grande-Bretagne ne voulurent pas comprendre que pour détruire la traite, il fallait la remplacer, qu'il fallait fournir du travail libre aux sociétés coloniales, pour qu'elles cessassent de demander du travail esclave. »

Or, l'une des spécificités de l'esclavage-marchandise est d'engendrer spontanément et en presque totale autonomie, une force de travail utile et peu chère. La reconstitution des avances financières mobilisées pour la mettre en œuvre est immédiate. En revanche, le travail libre, salarié, a un « coût de production » avéré, autrement dit c'est un revenu monétaire pour les salariés qui, eux, contrairement aux esclaves, ne sont pas autosuffisants sur le plan alimentaire, et ne peuvent seuls reconstituer leur propre force de travail personnelle. Sur les plantations esclavagistes la force de travail se reconstitue largement de manière autonome.

L'autosuffisance alimentaire des esclaves

Cette autosuffisance alimentaire peut être observée dans les plantations des Antilles françaises.

Molinari relève les observations de hauts fonctionnaires qui préparent les procédures d'indemnisations des colons à exproprier « pour cause d'émancipation ».

Il relève ainsi que selon M. Lavollée, inspecteur des finances, les frais d'entretien d'un grand atelier de 200 noirs. Notons en passant que les grands ateliers sont beaucoup plus économiques que les petits :

« Vivres. — Sur une population de 200 individus, 100 peuvent prendre leur samedi en remplacement de l'ordinaire (rations alimentaires fournies par le planteur). Ils cultivent 100 carrés ou jardins qui leur fournissent amplement de quoi subsister. »

(Une description détaillée de la vie en autosuffisance alimentaire des esclaves de la Martinique au XVIIIe siècle est développée dans le beau récit anti-esclavagiste de Joseph Zobel, *La rue Cases-Nègres*)[28].

Les denrées consommées par la main-d'œuvre des plantations sont donc en bonne partie celles qu'ils cultivent et cueillent eux-mêmes.[29] En revanche, le fruit de leur travail, autant que leurs propres personnes et leur descendance, appartient au maître. Selon la loi de l'offre et de la demande, ce fruit sera mis sur le marché au bénéfice exclusif et sans partage du maître, mais il n'y a aucun risque de surproduction. En effet, dans un modèle esclavagiste autosuffisant sur

[28] Zobel, Joseph Rue Cases-nègres. Présence Africaine 1991 311 p.

[29] Le concept d'avance jalonne l'œuvre de Quesnay, notamment lorsqu'elle est « naturelle » : « Qu'importe qui en soit l'ouvrier, il faut que la terre ait produit d'avance ce qu'il a consommé pour sa subsistance : ce n'est donc pas son travail qui a produit cette subsistance. » François Quesnay: *Dialogue sur les travaux des artisans*; in: *Physiocratie*, GF Flammarion, Paris 1991, s.367

le plan alimentaire, la production marchande peut être aisément interrompue si les débouchés attendus font défaut, sans que la force de travail ne disparaisse, puisqu'elle s'auto-entretient grâce à des ressources exogènes. C'est pourquoi la solution de l'immigration salariée élaborée par Molinari ne peut être mise en place si elle n'est pas accompagnée, comme il le préconise lui-même, par une sorte de « révolution agraire » qui fasse baisser les prix des denrées alimentaires.

Autre exemple d'auto-suffisance alimentaire-John Hicks

Économiste britannique, John Hicks (1904-1989) a reçu le prix Nobel d'Économie en 1972 pour sa contribution à l'équilibre général et à l'économie du bien-être. C'est à son fameux modèle IS-LM « modélisant » la *Théorie générale* de Keynes (1936) qu'il doit son aura planétaire.

En 1969 il publie *A theory of economic history*[30]. Dans un chapitre consacré au marché du travail, il compare Travail libre et travail esclave. Il cite alors longuement des études sur l'auto-suffisance alimentaire des esclaves jamaïcains :

« Ils avaient occupé de petites maisons pour lesquelles ils ne payaient pas de loyer et avaient fourni de longs travaux pour lesquels ils ne recevaient pas de salaires en argent, mais leurs propriétaires leur avaient au moins donné le minimum de nourriture, de vêtements et d'ustensiles domestiques nécessaires à leur subsistance. Ils faisaient des cultures vivrières et élevaient parfois des porcs, des volailles et d'autres animaux domestiques sur des terres pour

[30] Traduction française 1973 Hicks,John *Une théorie de l'histoire économique.* Seuil Paris 190 pages P.139

lesquelles ils ne payaient pas de loyer. Leurs produits servaient à les nourrir et le surplus était vendu contre de l'argent ou échangé sur les marchés locaux. »

« L'argent qu'ils tiraient de ces ventes servait à acheter des denrées alimentaires, des vêtements et des objets domestiques supplémentaires, à apporter des contributions aux diverses missions chrétiennes dissidentes auxquelles la majorité d'entre eux appartenaient ou était simplement conservé avec l'espoir d'en accumuler assez pour acheter la liberté. »[31]

Mais l'auteur cité poursuit — et c'est là que se marque la différence que l'on pourrait qualifier aujourd'hui d'anthropologique :

« Comme pratiquement à tout instant ils étaient susceptibles d'être vendus ou transférés d'un domaine à un autre, les esclaves étaient peu incités à investir leur argent dans des biens qu'ils ne pourraient pas transporter facilement avec eux dans cette éventualité. »

Le paysan, dans un système seigneurial type, pouvait être « vendu », mais seulement lorsque la terre à laquelle il était attaché était vendue avec lui. Ainsi, on ne vendait pas tant le paysan lui-même que les droits seigneuriaux qui pesaient sur lui. L'esclavage commercial, même dans sa forme la meilleure, se distingue par la possibilité de revendre l'esclave individuellement. Il y a une différence énorme entre un système dans lequel les esclaves peuvent être vendus individuellement sans qu'on tienne compte des attaches familiales ou de tous les autres liens sociaux qu'ils peuvent avoir formés, et un système où l'on ne peut vendre que le village entier, avec tout le complexe social et la terre qui lui est attachée. Le premier système est un fléau social bien pire que le second. Non seulement le paysan peut s'abriter der-

---

[31] Douglas Hall, *Free Jamaica 1838-65 (an economic history)* Yale, 1959, P.157

rière la coutume, refuge qui manque généralement à l'esclave. Mais encore ce dernier, risquant toujours d'être revendu, ne peut avoir une relation parentale stable avec ses enfants. L'esclavage, dans presque toutes ses formes, est un ennemi de la famille et des charges qu'elle induit. »

Le marché de l'emploi, qui est ici le sujet traité par John Hicks, est d'une flexibilité maximale. Les « coûts fixes » de maintenance et de subsistance sont réduits à leur strict minimum et les « coûts variables » de fonctionnement s'ajustent au plus près des conditions de fabrication. Les prix des denrées se composent donc essentiellement de marge. C'est en ce sens qu'il est loisible d'affirmer que « le produit c'est le profit ».

L'élimination du risque de surproduction

L'aversion au risque de surproduction lié au travail libre immigré est trop forte sur les plantations en transition coloniale. Les propositions de Molinari sont inapplicables car elles n'évoquent pas l'avantage comparatif essentiel de l'esclavage (et sans doute de la colonisation et de l'indigénat) sur le travail libre : l'élimination du risque de surproduction.

Comment ce risque de surproduction est-il éliminé en régime esclavagiste ? Dans ce régime, la marge commerciale nécessaire à la reconstitution des avances financières dépend des prix du marché. En cas de surproduction-déflation, il faut faire face à la baisse des prix, qui est en fait une baisse des marges, en augmentant les quantités produites tant que les marges sont positives, et non pas en les diminuant comme le prévoit la théorie. Avec un coût marginal voisin de zéro et une bonne force de contrainte (le fouet), une faible marge unitaire sur de grandes quantités est possible et permet de sauver l'affaire du planteur. Car le problème du planteur est le suivant : le montant des avances financières à reconstituer se mesure en valeur absolue et non pas en taux de marge sur l'unité de produit vendu. Une fois atteint le volume de marge ressenti comme « incompressible » et une fois reconstituée l'avance financière, le planteur satisfait peut faire cesser temporairement la production. Ses besoins monétaires immédiats sont couverts. Ceux qui sont soulagés par la même occasion sont aussi les esclaves qui subissent dès lors moins de pression. Le résultat probant est que le marché est rééquilibré.

La reconstitution des avances financières

Sous le régime de la loi de Say, le jeu de la reconstitution des avances financières implicitement contenues dans la définition de l'Offre est subtil. Trois situations peuvent se présenter :

1) **L'ensemble des maîtres réussit à reconstituer l'ensemble des avances qu'il s'est accordées.** Le marché est équilibré. Les profits constatés sont au niveau des profits espérés ;

2) **L'ensemble des maîtres ne reconstitue pas les avances qu'il s'est accordées.** Le marché est déséquilibré. Il y a déflation et surproduction par manque de pouvoir d'achat. Les profits réalisés ne sont pas au niveau des profits espérés ;

3) **L'ensemble des maîtres reconstitue plus de monnaie qu'il ne s'en est avancé.** Le marché est déséquilibré dans un sens inflationniste. Il y a des pénuries. Les profits nominaux réalisés sont supérieurs aux profits réels espérés.

Dans un système esclavagiste la reconstitution des avances concerne autant les dépenses engagées pour l'acquisition des esclaves que les dépenses, parfois somptuaires, relatives au mode de vie des maîtres, ainsi qu'aux infrastructures de plantation. Toute la production de l'esclave, sur une durée viagère de sept à dix ans, est consacrée à la « reconstitution », c'est-à-dire au profit du maître. Les coûts annuels s'élèvent à 420 livres par an et par esclave (Du Pont de Nemours, 1771), le volume d'heures de travail est de 60 heures par semaine, soit 3120 heures par an et un coût horaire de 0,13 livres par ouvrier de plantation. Il n'y a pas de surproduction car le cas échéant, il y a arrêt de la production comme en témoigne l'absence relative de silos de stockage sur les plantations. La ressource humaine est réaffectée si possible, à d'autres tâches ou carrément revendue ou louée à d'autres maîtres.

Les avances financières sont des produits « naturels » transformés en « profits »

Dans les conditions de l'économie de plantation, les denrées qui sont déposées en continu, sans grands moyens de stockage, sur les lieux de chargement, peuvent être considérées comme des « équivalents d'avances en nature », monnayables et négociables en termes avantageux pour les maîtres et les négociants. Ces propriétaires-entrepreneurs s'ouvrent des débouchés les uns aux autres. À l'époque, dans le langage courant, le mot « produit » est un synonyme de « profit », de sorte que la loi de Say selon laquelle « les produits s'échangent contre des produits » peut s'entendre ainsi en système esclavagiste : « les profits s'échangent contre des profits ». D'ailleurs, le mot « dividende », jugé trivial et insuffisamment « distingué », est banni du vocabulaire courant des théoriciens classiques.

Le contexte de la loi de Say

La loi de Say s'énonce dans un contexte historique bien particulier où l'esclavage va de soi. Il est même à son apogée, juste avant que la Traite Atlantique soit interdite (mollement) par les Anglais, en 1807, quatre ans après la publication du *Traité d'économie politique* de Jean-Baptiste Say. L'existence multiséculaire de cette institution de l'esclavage conduit à se figurer que l'offre ne peut jamais excéder la demande. D'une part, parce que le « système des besoins » est illimité. D'autre part, parce que si le cas se présente, par accident, l'offre peut être interrompue sans délais et sans conséquences dramatiques pour le propriétaire. Ce qui est d'un effet immédiat, alors que Say propose d'augmenter la production d'autres marchandises pour distribuer des revenus susceptibles d'absorber la production excédentaire.

Certes, il apparaît bientôt qu'avec la hausse des coûts fixes (industrialisation), cet équilibre « naturel » est menacé, comme le montre l'exemple du café parfois brûlé dans les locomotives au Brésil, où l'abolition est prononcée en 1888. Mais l'illusion de l'impossible surproduction générale, ancrée dans la faculté du maître à reconstituer sans difficultés ses avances financières grâce au système esclavagiste, demeure gravée dans les esprits.

Il en résulte que les profits espérés dans le modèle se retrouvent de façon inexpliquée dans les profits réalisés et utilisés du côté de la demande. Sauf que, il n'a jamais été prouvé que les profits réalisés sont rigoureusement à la même hauteur que les profits espérés. Ils sont parfois plus élevés, en période d'inflation et de pénuries générales. Ils sont parfois plus bas en période de déflation et de surproduction générale. La théorie dominante ne reconnait pas que les profits constatés n'existent que s'ils sont payés d'avance.

L'équilibre néo-classique et la demande globale

Si l'on considère les principes de l'équilibre néo-classique d'aujourd'hui, les sommes payées aux salariés ne déterminent pas entièrement la demande globale de biens. Celle-ci dépend aussi des revenus qui sont payés aux non-salariés par les entreprises, notamment les « acomptes sur dividendes ». Il s'agit d'avances qui seront « soldées » à la clôture des comptes annuels. Donc, l'équilibre néo-classique ne peut pas être appréhendé sans établir que la quantité de monnaie utilisée dans les échanges est pour partie celle qui est disponible dans les caisses des entreprises, pour les « acomptes sur dividendes » et les autofinancements, et pour une autre partie, de la monnaie créée par les banques pour satisfaire la demande de crédits. Sans oublier que les banques elles-mêmes ne sont pas les plus rétives à verser des acomptes sur dividendes à leurs actionnaires.

Aux premiers temps de l'esclavagisme cette fonction de facilitation du financement de l'offre et de la demande est remplie par les livraisons d'épices, de denrées tropicales, de matières premières minérales, textiles et forestières, et aussi d'esclaves-marchandises, sur les lieux d'embarquement. Dès lors, les avances des uns s'échangent contre les avances des autres. A certains opérateurs, les échanges permettent de « reconstituer » plus de monnaie qu'ils n'en ont avancée. A d'autres opérateurs, en revanche, il n'y a « reconstitution » que d'une partie, voire de rien du tout, de ce qu'ils ont avancé. C'est la loi du marché : ce que les uns perdent en matière d'insuffisance de reconstitution des avances se retrouve dans ce que les autres ont gagné comme « excédent de reconstitution ».

L'hypothèse inavouable

La quantité de monnaie héritée du passé, s'inscrit dans une continuité historique. Elle détermine la faisabilité des ajustements de production. Notamment, des augmentations de production sont nécessaires pour la « reconstitution » des avances financières de la période. Les théoriciens de l'équilibre néo-classique ne relèvent jamais que les entrepreneurs pratiquent l'acompte sur dividendes et l'autofinancement à grande échelle. Leurs modèles font l'hypothèse que tout financement passe par le seul marché financier à un prix qui est le taux d'intérêt. Ils n'avouent pas volontiers qu'ils excluent les décisions hors-marché qui peuvent orienter les flux financiers vers des avances « irrationnelles ». Or, il s'agit là de flux déterminants pour l'équilibre de l'offre et de la demande. Celui-ci, incluant les avances, rend nécessaire l'élargissement de son champ d'observation. Il convient alors d'expliquer comment elles existent et pourquoi elles existent.

L'équilibre anthropologique

Tenter de saisir la problématique de l'esclavage et de la colonisation dans toutes ses dimensions, implique une recherche politique, anthropologique, littéraire, iconographique, artistique. En ce qui concerne la France, il s'agit de comprendre l'articulation entre les anciennes colonies sucrières de l'Ancien régime et la nouvelle colonisation qui s'est mise en place après la Révolution française suivie de la conquête de l'Algérie.

Quel rôle les textes des Lumières ont-ils joué ?

Par exemple, les représentations théâtrales de l'Arabe au XIXe siècle révèlent une lecture racialisante héritée de l'anthropologie des Lumières, qui constitue une légitimation de la conquête.

L'Arabe, figure de « barbare » ou, plus tard, de subalterne, est stigmatisé et infériorisé.

L'iconographie coloniale, tous supports confondus, est productrice d'un imaginaire sur l'Autre. Elle sert à la justification de la conquête soutenue par de nombreuses images qui la présentent comme une croisade contre l'esclavage et pour la civilisation de peuples aux pratiques sanguinaires.

De l'esclave à l'indigène, la « vision » classique de l'équilibre ne change pas

Il convient d'explorer le passage du statut d'esclave à celui d'indigène, dans le processus qui voit la colonisation succéder au régime de la plantation.

La majorité des anti-esclavagistes préconisent à la fin du XVIIIe siècle un « travail libre » très théorique, dans des « colonies nouvelles », qui prennent la relève des « colonies modernes ».

Après la période classique de réflexions sur l'offre et la demande à la fin des Lumières, le contexte change, mais l'adhésion au dogme de l'impossibilité de la surproduction générale et à la loi de Say reste toujours aussi ferme. Les spécificités d'une offre accompagnée d'avances financières ne sont pas perçues plus clairement par les chercheurs en sciences sociales de l'époque coloniale que par ceux de l'époque d'avant.

L'équilibre reste un concept structurant dans l'explication des lois du marché. Chercher l'erreur qui permet d'en réfuter la forme classique semble être une entreprise ardue, parce qu'elle se heurte à un aveuglement venu du fond des âges.

Peut-être faut-il aller chercher de l'aide dans l'anthropologie.

Des Siane aux Baruyas de Nouvelle Guinée

L'anthropologie économique, pour Maurice Godelier, s'impose la double tâche de recueillir les données fournies par l'ethnologue et de faire la théorie de leur articulation. Le rapport entre les deux démarches est analogue à celui qui existe entre l'histoire économique et l'économie politique. Par exemple, la théorie de la rente foncière n'est pas l'histoire de la rente foncière, mais ne saurait se constituer sans celle-ci. Maurice Godelier analyse par exemple l'articulation entre les institutions de la parenté, de l'économie et du politico-religieux à propos d'une société de Papouasie-Nouvelle Guinée : les Baruya.[32]

Mais il présente aussi, ailleurs, dans un « compte-rendu dialogue » le cas des Siane de Nouvelle Guinée, étudiés par un ethnologue canadien, Richard F. Salisbury[33]. Missionné par Melbourne, qui gère la Nouvelle Guinée, il collecte une énorme quantité d'informations en 1952-1953.[34]

En particulier, il entreprend de mesurer les effets de l'introduction d'un nouvel outil dans cette société de 17 tribus et 15000 personnes.

Cette société, de 8 clans, patrilinéaires et patrilocaux, alors qu'elle utilisait des outils de pierre, reçoit dans les années 1930, des haches d'acier par l'intermédiaire de chercheurs d'or européens et connaît alors une série de

[32] Godelier Maurice. *La « monnaie de sel » des Baruya de Nouvelle-Guinée*. In: L'Homme, 1969, tome 9 n°2. pp. 5-37; doi : https://doi.org/10.3406/hom.1969.367046 https://www.persee.fr/doc/hom_0439-4216_1969_num_9_2_367046

[33] *Godelier Maurice. Economie politique et anthropologie économique (à propos des Siane de Nouvelle-Guinée). In: L'Homme, 1964, tome 4 n°3. pp. 118-132 ;* doi : https://doi.org/10.3406/hom.1964.366671 https://www.persee.fr/doc/hom_0439-4216_1964_num_4_3_366671

[34] Godelier Maurice. *Economie politique et anthropologie économique (à propos des Siane de Nouvelle-Guinée).* In: L'Homme, 1964, tome 4 n°3. pp. 118-132 ; doi : https://doi.org/10.3406/hom.1964.366671 https://www.persee.fr/doc/hom_0439-4216_1964_num_4_3_366671

transformations. Richard F. Salisbury a pu recueillir les témoignages d'acteurs ayant initié et vécu ces transformations.

Au sein du clan, observe-t-il, personne ne peut être contraint à faire quoi que ce soit contre sa volonté. Pour se distinguer, il faut se montrer à la hauteur de ses responsabilités lignagères et claniques.

Le système économique des Siane

Le système économique des Siane combine les activités de production, distribution et consommation de trois types de biens : les biens de subsistance, les biens de consommation de luxe (tabac, noix, huile, sel), les biens précieux entrant dans les échanges cérémoniels (dont les haches d'acier font partie, au début).

La substitution des haches d'acier aux outils de pierre a pour effet d'accroître significativement la productivité des Siane dans les activités de débroussaillage, de construction de maisons d'hommes et de construction de haies pour protéger les carrés cultivés par les clans. Richard F. Salisbury observe que les gains de productivité, mesurés en temps libéré, ont pour résultat d'augmenter l'acquisition de biens précieux : coquillages, plumes d'oiseaux (Casoars), porcs. Toutes les activités rituelles et cérémonielles augmentent, mais surtout la circulation des femmes augmente entre clans tout particulièrement. L'inflation du prix des femmes engendre d'ailleurs un déséquilibre entre les générations et les régions. Pour résoudre leurs difficultés, les Siane (pas tous) demandent l'appui des Blancs qui introduisent :

- La paix
- La monnaie et de nouveaux produits
- Le travail salarié dans les plantations sur les côtes et les chantiers de construction (routes, pistes d'atterrissages).

En ce qui concerne la monnaie, l'apprentissage de son utilité est laborieux. Les billets sont conservés comme biens précieux et les monnaies métalliques comme des biens de luxe.

Le recrutement des hommes par l'administration australienne

Le travail salarié facilite cet apprentissage. En 1950, l'Administration australienne recrute par contrat, pour des durées de quinze mois, des hommes dans les villages, tous frais compris, 15 shillings par mois, tabac offert.

Avant leur retour, ils achètent des biens précieux (coquillages, etc.), des biens de luxe nouveaux (miroirs, ballons de foot, etc.). Ils conservent aussi de l'argent qui est remis aux responsables claniques lors de cérémonies rituelles de réincorporations. Des questions d'argent enveniment les relations lors des déplacements suivants car des jeunes recrutés refusent de se soumettre aux obligations claniques de partage et de prêt.

Certains lignages tirent avantage de leur proximité avec les Blancs pour s'approprier des terrains favorables aux cultures suggérées par l'Administrateur. Des hommes prennent plusieurs femmes pour les faire travailler. Un divorce s'installe entre les activités productives, de plus en plus prenantes, et les activités cérémonielles, qui se vident de leur sens.

Le capital préalable aux changements

Richard F. Salisbury se pose alors la question du changement technologique et de l'élévation du revenu par habitant. Il constate l'inexistence de producteurs marchands et d'une monnaie universelle chez les Siane. Il se demande alors comment décrire les moyens nécessaires à l'accroissement du revenu par tête. Il propose donc une définition personnelle du capital :

« Capital- Stock de biens présents avant que soit accompli un acte productif, utilisés dans la production et immobilisés hors de la consommation directe pendant que cet acte progresse ».

Ce qui fait l'intérêt de la définition de l'ethnologue canadien, c'est le caractère préalable de la disponibilité du stock de « capital ». Selon la définition de Jean-Baptiste Say, dont Salisbury est adepte, l'utilité du capital est de fournir les avances que « la capacité de jugement » de l'entrepreneur prévoit de reconstituer sur le marché.

Maurice Godelier note que Richard F. Salisbury exprime dans cette définition les nécessités techniques de toute production, qui s'appliquent à toute société quels que soient les rapports sociaux spécifiques. « Ainsi dans une économie d'auto-subsistance les moyens de production ne prennent pas la forme d'un capital puisqu'ils ne sont pas utilisés pour l'échange et le profit ».

Si l'origine du profit se trouve dans la reconstitution des avances que le capital a rendu possibles, le changement technologique commence à être « profitable » lorsque la reconstitution est à égalité avec l'avance. Dans l'équilibre néo-classique, il s'agit là d'une structure invisible et d'une composante implicite. Dans le cas de la société des Siane cette profitabilité est mesurée en termes de temps « libéré » et consacré à plus d'activités cérémonielles, au moins dans une première période. Les haches d'acier des chercheurs d'or, qui étaient au début des biens précieux sont devenues des « biens de production ». Essayées, les haches d'acier sont adoptées, et donnent matière à une belle étude diffusionniste riche d'enseignement. Les effets d'entraînement sur d'autres activités sont décrits par Richard F. Salisbury : biens précieux (porcs) et biens de luxe (tabac) notamment.

Maurice Godelier retient particulièrement les informations sur l'inflation qui affecte les échanges de toute nature de la société Siane. Il note que l'inflation se stabilise à un moment, non sans avoir modifié l'équilibre des échanges de femmes : « L'afflux des biens précieux ayant fait baisser leur valeur relative, la quantité de ces biens qu'il faut maintenant échanger augmente jusqu'au moment où la cherté de la dot correspond de nouveau à la rareté des femmes ». Il y a un rapport « Femmes- Biens » qui pourrait être une « constante », rapport invariant nécessaire entre les « Femmes » et les « Biens ». La société Siane devient un exemple de reconstitution de ce rapport au terme de régulations dont il faut rechercher la nécessité. Les structures de la parenté et celles de l'économie sont essentielles dans le système social. Maurice Godelier écrit : « L'inflation apparaît comme une réponse cohérente de l'ensemble à un événement qui le déséquilibre et non comme un simple phénomène régulateur au sein des seules structures économiques ». Le rapport « Parenté-Economie » implique l'équilibre au sein du clan fondé sur la solidarité parentale. Les rapports de clan à clan, en revanche, sont fondés sur des considérations sociales, comme la circulation des femmes et des biens précieux. Ils visent peut-être à contrecarrer les rééquilibrages attendus. Il s'agit de faire face à l'inflation qui est apparue à partir de la mobilisation du stock de capital préalable tel qu'il est défini par Richard F. Salisbury. Il y a une multiplication des haches d'acier passées du statut de biens précieux à celui de biens de production. Les accroissements de productivité et de revenu par tête induisent des transformations. D'où ce projet des responsables claniques d'accepter l'enrôlement des hommes par l'Administration, accompagné par la confiscation de leurs émoluments au profit des lignages et des clans dominants. Les conditions de l'équilibre général prennent un caractère anthropologique.

Les Baruyas de Papouasie-Nouvelle Guinée

Les Siane ne sont pas la seule société à avoir connu les changements sociaux dus à l'introduction des haches d'acier. Les Baruyas, voisins éloignés étudiés par Maurice Godelier, ont connu les mêmes innovations. [35]

L'anthropologue français montre l'origine des moyens qui ont favorisé le développement de cette innovation : la monnaie de « sel végétal » de grande valeur d'usage et d'échange, utilisée pour les acquisitions de biens précieux et de luxe, telles ces fameuses haches d'acier.

Après avoir relaté l'extraordinaire histoire de la technologie du « sel végétal » créée par les Baruyas, Maurice Godelier relève les données de la formation des taux d'échange dans des situations de rareté et, plus généralement, de la rationalité intentionnelle du comportement des individus et des groupes dans les sociétés primitives. « Mais, par-delà, écrit-il, demeure la tâche essentielle de la théorie économique qui est de mettre à jour le fondement « inintentionnel » de la logique et de l'évolution des structures économiques ». Certes, l'intérêt particulier et la recherche de la satisfaction individuelle expliquent une part de l'échange. Mais lorsqu'il s'agit de transactions multiples sur les marchés, l'explication est trop courte. Souvent l'échange ne peut avoir lieu si des « avances » ne se déclenchent pas de part et d'autre. En évoquant le fondement « inintentionnel » de la logique, Maurice Godelier ouvre la voie à la recherche sur les déterminants anthropologiques de l'équilibre structurel.

[35] Godelier Maurice. La « monnaie de sel » des Baruya de Nouvelle-Guinée. In: L'Homme, 1969, tome 9 n°2. pp. 5-37;
doi : https://doi.org/10.3406/hom.1969.367046
https://www.persee.fr/doc/hom_0439-4216_1969_num_9_2_367046

Le taux d'échange « barre de sel » / cochon

Maurice Godelier observe et mesure des transactions fondées sur les « barres de sel ». Il note l'exemple du « taux d'intérêt » pratiqué lors de l'emprunt de barres de sel pour l'achat d'un cochon. L'emprunteur remboursera avec des porcelets. Compte tenu du taux d'échange « barre de sel » / cochon, le taux d'intérêt dans ce cas est énorme (>100%). Il met en évidence un fait essentiel : personne n'accumule du sel pour le prêter et faire du profit. On tire certes un avantage matériel et un prestige moral d'avoir prêté, mais on ne cherche pas le profit au détriment du débiteur. Le principe et le but des échanges restent la satisfaction des besoins sociaux, la consommation et non la recherche d'un gain « monétaire ». « L'autorité politique et le prestige social d'un clan, d'un lignage ou d'un individu résident moins dans sa richesse en terre ou en sel que dans ses fonctions rituelles ou guerrières, le nombre de ses femmes et de ses enfants. »

La production pour l'échange, lorsqu'elle existe dans les sociétés primitives, se combine avec une économie de production directe et de redistribution des produits à travers les réseaux de parenté et de voisinage. L'équilibre ne concerne pas seulement les biens et les services, mais aussi la circulation des femmes, des biens précieux, des symboles politico-religieux et cérémoniels. L'objet de l'anthropologie économique est d'élaborer des concepts spécifiques qui rendent compte de cette combinaison spécifique de structures. Bien entendu, cette recherche des lois de fonctionnement et d'évolution des structures sociales vise un niveau de réalité, la plupart du temps invisible et inconscient pour les individus qui appartiennent aux sociétés primitives. L'anthropologue relate souvent que les populations observées ne savent pas pourquoi les choses se font ou ne se font pas.

En fait, Maurice Godelier pourrait aussi bien envisager que nos propres contemporains sont logés à la même enseigne : le niveau de perception de la réalité qui les environne est tout aussi approximatif.

Il laisse entendre dans le « compte-rendu dialogue » sur les Siane que les inclinations des responsables claniques en faveur de l'émigration temporaire d'hommes des tribus recrutés par l'Administration rencontraient des résistances de la part « des jeunes qui désiraient garder une plus grande part de leurs gains, et renâclaient à se soumettre entièrement aux obligations claniques de partage. L'esclavage moderne offre un modèle comparable, mais à une toute autre échelle.

Esclavage moderne, le cas de la Corée du Nord

Un État moderne contemporain, la Corée du Nord, recourt à la « marchandisation » de ses citoyens pour se procurer des devises.

À la fin du XXe siècle, le clan Kim Jung Un, au pouvoir en Corée du Nord, met en place un réseau d'agences de placement illégal de Vladivostock à Sczeczin (Pologne). Le but est de faire face à la pénurie de devises. Il s'agit de proposer des travailleurs nord-coréens à diverses entreprises russes, chinoises, polonaises (chantiers navals, bâtiment, etc). Les salaires sont compétitifs mais les contrats stipulent qu'ils ne sont pas versés aux travailleurs recrutés. Ils sont perçus par des agents qui les remettent en US-dollars aux autorités politiques nord-coréennes. Un très faible viatique est laissé aux travailleurs pour leurs besoins essentiels. Plus de cent mille travailleurs seraient concernés annuellement. Les "fugitifs" qui ont révélé ces pratiques surnomment ces esclaves-marchandises des temps modernes de "dollar heroes". "Sans nous, disent-ils, notre pays n'aurait pas de devises".

Cet exemple montre que le fléau de l'esclavage et du travail forcé est loin d'être révolu.[36]

[36] Documentaire vidéo ARTE : "Dollar heroes" . Réalisation Carl Gerstorfer, Sebastian Weis 2017

CHAPITRE 10
LA LOI DU MARCHÉ
POST-ESCLAVAGISTE

Une idée nouvelle, si simple et évidente soit elle, apparaît toujours **beaucoup** comme quelque chose d'incongru, voire d'indécent.

Il se peut même qu'une certaine hostilité naisse à l'encontre du dissident. Telle est la mésaventure subie par Kenneth Boulding (1910-1993).

Les profits espérés ne sont jamais les profits réalisés

Boulding affronte l'hostilité générale de ses pairs qui se manifeste à l'encontre de son théorème : « Les profits réalisés sont la somme des profits payés d'avance et de l'autofinancement des entreprises » (version Henri Denis, 1999). Si l'économiste américain est si peu compris, c'est qu'il introduit dans la théorie la distinction qui n'a jamais encore été faite auparavant (aussi étrange que cela puisse paraître) entre les profits payés d'avance (avances financières, acomptes sur dividendes, interim dividends, investissements non financés par l'épargne des ménages, etc.) et les profits constatés.

Cette distinction est en fait importante parce qu'elle permet de démontrer que la surproduction générale est inévitable si les entrepreneurs ne reconstituent pas promptement les acomptes versés. Adam Smith et Jean*Baptiste Say évoquent,en passant, cette possibilité d'avances financières. Mais ils en font une décision relevant uniquement du libre arbitre de l'entrepreneur individuel. Ils n'évoquent pas de réciprocité généralisée de l'ensemble des entrepreneurs qui prennent ces décisions. En foi de quoi le marché s'ajuste et la liberté crée l'équilibre. Il n'y aurait rien à attendre d'une étude méticuleuse des décisions patronales en matière d'avances financières. Toute la pensée sur l'offre et la demande s'engouffre dès lors dans cette façon de voir les choses et demeure dramatiquement approximative. On tient pour acquis que les profits définis dans le modèle de l'offre sont disponibles sans délai dans le modèle de la demande. Aucune réfutation sérieuse, sinon celles de Michel Kalecki (1899-1970)[37] et de Kenneth Boulding, ne permet de réorienter les travaux sur la question vers plus de réalisme. L'insuffisance des résultats s'avère particulièrement préjudiciable lorsqu'il s'agit de la politique des dividendes, de l'origine **du profit,** ainsi que de la politique de relance publique.

La controverse de Washington (1951)

Avant même la publication de l'ouvrage principal de Boulding, une conférence sur l'influence des syndicats ouvriers se tient les 12 et 13 mai 1950 à « l'Université américaine » de Washington, conférence dont les débats sont publiés en 1951 sous le titre *The impact of the Union, eight economic theorists evaluate the labor union movement.*[38] À cette conférence, Boulding présente son théorème dans le

[37] Kalecki, M. Studies in economic dynamics Londres, 1943. Un collègue, Nicolas Kaldor dira qu'il démontre que « Les ouvriers dépensent ce qu'ils gagnent, les capitalistes gagnent ce qu'ils dépensent ».
[38] https://academic.oup.com/ej/article-abstract/62/246/400/5260743

cadre d'un exposé intitulé *« Wages as a share in the national income »*. Dans l'ouvrage cité, on trouve un résumé des objections qui furent faites à l'auteur, et de ses réponses. Les participants à la conférence sont, en dehors de Boulding : John Maurice Clark, Edward Chamberlin, Milton Friedman, Gottfried Haberler, Frank Knight, Paul Samuelson, David Wright.

L'objection de Paul Samuelson

Samuelson développe une critique en règle de I 'exposé de Boulding en disant notamment :

« Supposons qu'en bas, dans le bureau je décide qu'au lieu que je maintienne un millier de dollars dans la caisse, ma femme conservera un millier de dollars à la maison. Je déclare un dividende. Je devrais appeler cela une transaction en capital, non une transaction courante. Cela devrait apparaître au Département du Commerce comme un dividende. »

Avec cette critique, Samuelson ne traite pas la question posée par Boulding. S'il déclare les mille dollars au Département du Commerce, cela signifie que le profit est constaté et que l'année est close. Or, ce que dit Boulding, c'est qu'il s'agit d'un profit payé d'avance. Un nouvel exercice va commencer dans quelques mois, dont le bilan d'ouverture devra inclure les écritures montrant la reconstitution des sommes avancées. Sinon, il y a distribution de dividendes fictifs, ce qui relève d'un délit pénalement répréhensible. Si l'exercice est clos, le débat l'est aussi. À d'autres de le reprendre. En fait, la discussion est enterrée définitivement.

Dividende = Acompte sur dividende + Solde

Pour Kenneth Boulding, les mille dollars de l'exemple de Samuelson sont une avance financière sortie de la caisse pour la consommation du ménage. C'est un acompte sur dividende (interim dividend) dont le solde est versé l'année suivante lorsque l'on a calculé le bénéfice distribuable et le dividende total (acompte + solde) de cette année qui s'est achevée. Il est déclaré au Département du Commerce. Ce qui demande un certain délai.

En attendant, prélevés sur la caisse, les mille dollars ne correspondent pas directement à des ventes de marchandises de l'entreprise, mais ils correspondent aux besoins du ménage de l'entrepreneur. Donc ils permettent à d'autres entreprises de vendre leur marchandise au ménage en question. Pour cela, il faut qu'ils soient dépensés. (Mais même s'ils sont épargnés et placés, ils retournent dans les flux de l'économie, d'une manière ou de l'autre). Il faut maintenant espérer que d'autres ménages, bénéficiaires d'acomptes sur dividendes de la part de leur propre entreprise, viennent les dépenser dans la nôtre. C'est une condition sine qua non de l'équilibre général. Aucune des éminentes personnalités réunies autour de Paul Samuelson ne comprend de quoi il s'agit et Kenneth Boulding tombe dans l'oubli.

Les conditions de la reconstitution des avances financières

Milton Friedmann participe également à la controverse de Washington. Vingt ans après, dans un retentissant article publié par le New York Times le 13 septembre 1970 et intitulé *The Social Responsibility Of Business Is to Increase Its Profits,* il fonde l'idéologie néo-libérale qui inspire Ronald Reagan et Margaret Thatcher. Nulle place n'est faite à la responsabilité sociale des entreprises. Friedman rappelle que le cadre dirigeant d'un grand groupe est l'employé des actionnaires. Sa responsabilité consiste à faire ce qu'ils lui demandent, ceci signifiant généralement de dégager le plus d'argent possible dans le cadre de la loi en vigueur et des règles éthiques communément partagées par la société. La question particulière des avances financières (interim dividend) n'est pas considérée comme une catégorie relevant des mécanismes de la loi du marché. Elle est même totalement ignorée. Les profits payés d'avance n'existent pas, prétend-on.

La décision de l'entrepreneur de prélever des moyens d'assurer la subsistance de lui-même et des siens sous la forme d'avance sur les profits espérés, se fonde sur la situation de la production en cours et des perspectives du moment. Il faut y rajouter les autofinancements d'équipements, sans recourir à l'épargne des ménages. À l'heure du bilan, quelques mois plus tard, un bénéfice est établi et un dividende est calculé. Ce dividende a été divisé en un ou plusieurs acomptes (TOTALÉNERGIEs en verse deux ou trois par an, rarement plus, selon les années) et un solde. La somme de ces éléments forme le dividende « officiel » de l'année close. Au fur et à mesure du déroulement de l'année, il convient donc de reconstituer les avances financières qui constituent l'acompte.

L'effet de levier, contrainte de croissance

Le niveau de commercialisation qu'il faut atteindre pour « dégager » une marge égale à l'avance est forcément supérieur au montant de l'avance elle-même. Par exemple, si la « profitabilité » de l'entreprise est de l'ordre de 10% et le montant de l'avance de 1000 \$, comme dans l'exemple de Samuelson, il faut commercialiser 10 000 \$ de produits pour la reconstituer. À défaut, l'entreprise se viderait de sa substance. Il s'ensuit que l'avance exerce un « effet de levier » sur la valeur de la production de l'entreprise. Celle-ci est contrainte de croître pour se perpétuer et pour reconstituer l'avance. La contrainte est d'autant plus forte que la « profitabilité » et le taux de marge sont bas. Si la marge était de 5 %, il faudrait un chiffre d'affaires de 20 000 $ pour reconstituer les 1000 de l'exemple de Samuelson. A contrario, si la marge est de 20 %, il suffit d'un chiffre d'affaires de 5 000 $. Il s'agit donc là d'un stimulant matériel significatif pour maintenir la continuité et l'expansion de l'exploitation. Pour assurer l'équilibre général de l'offre et de la demande, il faut faire l'hypothèse que chaque entrepreneur, mu par de tels stimulants, chacun dans sa branche, fasse, comme le disait Adam Smith, des « avances proportionnées aux profits qu'il peut raisonnablement escompter de la vente de ses marchandises ».

Taux de marge et reconstitution de l'avance

Adam Smith ne précise pas que la vente des marchandises qu'il faut réaliser pour obtenir le profit escompté est un multiple de l'avance. En effet, il ne suffit pas de réaliser un chiffre d'affaires égal au montant de l'avance pour la récupérer. La marge payée d'avance se calcule sur un coût complet où les rémunérations d'autres services producteurs que celui de l'entrepreneur sont dues à vue et au comptant : loyers, redevances, intérêts, matières premières, énergie, taxes et, en ce qui concerne les ouvriers, salaires pour les uns, subsistances pour les esclaves. La part de ceux-ci est la plupart du temps masquée dans les écrits des auteurs classiques. Peut-être ont-ils honte d'abuser de la propriété de l'homme par l'homme. Il n'empêche que la traite est à son apogée à leur époque. Cette caractéristique n'est jamais évoquée dans les modèles, sinon pour soutenir que la servitude est plus coûteuse que le travail libre. Or, ce multiple de l'avance est plus aisé à atteindre si le taux de profit est élevé, ce qui est le cas dans un système esclavagiste. Dans cette situation, la vitesse de récupération des dépenses personnelles de l'entrepreneur est nettement améliorée. C'est dans une telle conjoncture que les participants au commerce triangulaire, intimement et personnellement liés à Adam Smith et à Jean-Baptiste Say, mènent leurs opérations, et influencent les auteurs classiques. L'esclavagisme accélère la récupération des avances et permet d'assumer raisonnablement que les profits sont disponibles dans la période. Les conditions de marché changent avec l'abolition de l'esclavage mais l'hypothèse des profits disponibles sans délai demeure. Cette hypothèse n'est jamais vérifiée dans la réflexion sur l'offre conjointe de produits et de monnaie menée par les uns et les autres. Sans doute aurait-il fallu avouer que les modèles reposent sur des paramètres définis aux temps de l'esclavage et jamais révisés.

CONCLUSION

Les conditions dans lesquelles la loi du marché se construit masquent bien souvent des composantes demeurées inobservables. C'est le cas des avances financières qui accompagnent l'offre sous forme de profits payés d'avance. De même, à l'époque des Lumières, c'est l'esclavage qui connait un « blackout » complet, ignoré et mis à l'écart des considérations sur l'équilibre de l'offre et la demande.

Il est vrai que toutes les sociétés à esclaves ne les assimilent pas à des marchandises. Certaines ont même exclu la possibilité en fait, sinon en droit, qu'ils puissent être transférés d'un propriétaire à l'autre : les nobis de la Corée de l'ère Chosôn en viennent ainsi à être reconnus comme non transférables au cours du XVIIIe siècle. Cette spécificité coréenne se trouve manifestement bafouée au XXIe siècle de notre ère par Kim Jung Un et son clan en Corée du Nord, pourvoyeurs de « Dollar Heroes » sur le marché du travail international. En revanche, les inventaires des plantations coloniales recensent mieux que tout autre document la marchandisation des êtres humains dont procède l'esclavage dans la plupart des sociétés. En vue d'un échange sur un marché, l'asservi est réduit à l'état de marchandise, soumis au droit de propriété d'un autre, accompagné d'un prix tout au long de sa vie. Il, ou elle, devient une valeur d'actif avec un prix d'achat qui est son coût historique.

S'il va de soi que de nombreuses sociétés recourent à l'esclavage tout en ignorant l'institution du marché, celle-ci est pourtant indispensable à l'avènement de sociétés esclavagistes. Il faut s'interroger sur les liens qui unissent le fait esclavagiste à l'avènement des économies de marché.

Ce qui est en jeu, c'est la profitabilité relative de l'investissement dans le travail servile ainsi que la valeur différentielle des esclaves (hommes ou femmes, créoles ou africains), autrement dit, les conditions de la reconstitution des avances financières opérées par les entrepreneurs-investisseurs. C'est sur le marché que je peux avancer de quoi acquérir ce que tu m'offres, et que tu peux toi-même avancer de quoi acquérir ce que je t'offre ; c'est ainsi que l'échange marchand s'enclenche.

Les spécificités du marché esclavagiste, de la Grèce et des Caraïbes

Sous la loi du marché esclavagiste décrite par Paulin Ismard [39] l'asymétrie d'information au profit du vendeur est sans doute sensiblement plus élevée sur les marchés d'esclaves qu'ailleurs.

Il en résulte que les avances sont considérablement séparées des moyens de leur reconstitution. Celle-ci prend une forme différente selon les réglementations qu'imposent les autorités et la nature même des populations réduites en esclavage. Elle est moins forte dans le cadre d'un marché interne de proximité régionale, concernant des esclaves nés sur place, que dans le cas d'un commerce de longue distance.

Paulin Ismard propose de comparer deux expériences historiques significatives. L'une concerne des esclaves européens, l'autre des esclaves africains.

---

[39] Ismard Paulin, « Marché », Les Mondes de l'Esclavage, op.cit. p.581

« On entrevoit aisément que les structures de marché déterminent des expériences esclavagistes substantiellement différentes.

Pour le mesurer, il suffit d'opposer deux régions qui eurent pour point commun de recourir abondamment aux marchés d'esclaves et connurent durant un siècle une croissance formidable de leur population servile : d'une part, les Caraïbes du XVIIIe siècle, et, d'autre part, le monde méditerranéen du IIe siècle avant notre ère. Dans ce dernier cas, l'approvisionnement en esclaves reposait à la fois sur la traite avec les populations situées aux périphéries de la Méditerranée (Scythes, Thraces, Galates), et sur un marché interne régulièrement alimenté par la guerre, exceptionnellement dense et hiérarchisé, depuis de grandes places centrales redistributives (Délos ou Éphèse), jusqu'au sein de chaque cité. Sans en être la cause principale, la densité des réseaux marchands reposant sur des circuits courts contribua à la relative abondance de l'offre durant l'ensemble du IIe siècle, période durant laquelle on a estimé que plusieurs centaines de milliers de transactions (peut-être jusqu'à 800 000) se réalisaient tous les ans, sous la conduite de grands négociants mais aussi de nombreux particuliers. »

Dans cette première expérience, il s'agit de Blancs. Dans la seconde expérience, il s'agit de la connexion de l'Afrique et de l'Europe :

> « Le commerce des esclaves dans les Caraïbes du XVIIIe siècle s'appuyait lui aussi sur un réseau hiérarchisé de places marchandes. Kingston ou Cap-Français, comme Rio et Salvador au Brésil, Veracruz au Mexique ou Charleston aux Etats-Unis étaient les principaux ports d'arrivée. »

Dans chaque cas les formes de domination, au nombre desquelles les pratiques de maltraitance et de « déshumanisation », sont spécifiques de chaque ensemble de marchés constitués en « réseaux ». Les données anthropologiques ne sont pas disponibles autant qu'il serait souhaitable, mais il est prévisible que les structures de parenté, de langage et de totems/tabous politico-religieux présentent des régularités dans chaque cas.

Tout marché procède d'une construction institutionnelle supposant, si ce n'est la délimitation de lieux spécifiques, un ensemble de prescriptions légales qui organisent les échanges. La proximité des pôles gréco-romains entre eux et la « circularité » à rayons de plus en plus grands du commerce triangulaire intercontinental sont incommensurables.

Les institutions du marché

Cependant, une spécificité demeure. L'asymétrie des informations dont disposent le vendeur et l'acheteur au sujet de la personne même de l'esclave constitue un des traits caractéristiques de ce commerce. C'est la raison pour laquelle la législation portant sur la vente des esclaves protège davantage l'acheteur que le vendeur dans la plupart des sociétés.

> « Dans les pays de *Common Law, écrit Paulin Ismard,* qui en ont fait précocement une règle d'or du droit de la vente, le principe du caveat emptor, qui veut que « l'acheteur soit vigilant » et impute à ce dernier la charge de prouver l'existence d'une fraude sur la marchandise, était précisément suspendu dans la vente d'esclaves. »

Cela signifie que le vendeur prend de grands risques en offrant sa cargaison. Les services des assureurs sont incontournables et réduisent le risque de ne pouvoir reconstituer les avances engagées. De même que le médecin accompagnateur imposé par la réglementation anglaise et européenne à chaque voyage avec pour mission de veiller sur l'état de santé des captifs. Pour la même raison, la publicité et la garantie de la légalité de la transaction sont des priorités. L'exigence de publicité suppose parfois des installations spécifiques, tels les estrades des grands marchés aux esclaves d'Istanbul, les espaces circulaires (les kukloi) de l'agora athénienne antique, ou encore les « panneaux informatifs », à la manière des tituli suspendus au cou des esclaves romains qui indiquaient leur origine, leur santé mais aussi leur propension à fuir. Elle requiert surtout la présence d'autorités publiques qui assurent la légalité de la vente.

Marché esclavagiste, profit, auto suffisance alimentaire et travail salarié

Les profits générés par le commerce des esclaves expliquent qu'il ait pu donner lieu à des formes d'organisation marchande sophistiquées. Les historiens des États-Unis ont montré que le taux de profit du commerce des esclaves y est supérieur à la plupart des autres secteurs productifs, dépassant 10 % tout au long du siècle. Cette observation signifie que les reconstitutions d'avances financières sur les marchés d'esclaves sont supérieures à celles constatées dans les autres secteurs, qui ont fait autant d'avances financières, mais en ont reconstitué une moindre partie. Ce que les uns gagnent, d'autres le perdent.

Le fonctionnement institutionnel du marché ne saurait prévenir du risque de surproduction. Si l'offre n'est pas accompagnée d'avances financières dont la reconstitution représente le profit gagné sur le marché, elle se trouve surdimensionnée par rapport à la demande.

En cas de risque de surproduction, c'est à l'intérieur même de la relation esclavagiste que le travail peut être isolé et envisagé comme une marchandise. Quand les esclaves sont prêtés ou loués entre maîtres, les services ainsi rendus font partie du marché. Quand il arrive qu'un maître « détache » son esclave auprès d'un autre maître, il n'en assure plus la subsistance. C'est le maître bénéficiaire qui fournit les aliments pendant le temps du détachement. En somme, il faut peut-être admettre une « permanence morphologique du schème esclavagiste » (Paulin Ismard) dans le salariat. Le travail-marchandise « libre » qui s'implante graduellement ne serait qu'un esclavage déguisé.

Les esclaves ont aussi les moyens d'accéder aux activités de marché en autoentreprenariat. Leur autosubsistance est ainsi assurée. En cas de surproduction générale, ils sont retirés de la production, mais demeurent suffisamment actifs et agiles pour garantir eux-mêmes leur survie. Ainsi le patrimoine du maître, auquel ils appartiennent, ne pâtit pas excessivement de la crise générale.

Les figures d'esclaves commerçants ne manquent pas dans l'histoire, qu'il s'agisse des esclaves engagés dans les réseaux commerciaux même si, dans chaque cas, la responsabilité et l'autonomie octroyées à l'esclave varient considérablement d'une société à l'autre. Les « esclaves de rapport » (escravos de ganho) des villes brésiliennes du XIXe siècle en sont le cas le plus spectaculaire.

Ils travaillent dans la rue comme vendeurs ou petits boutiquiers et payent une rente régulière à leur propriétaire, sur une base journalière ou hebdomadaire. Disposant d'un pécule indépendant de leur maître, ils jouissent d'une véritable autonomie, reconnue par la loi, pour conduire toutes formes d'affaires.

Mais les pouvoirs émancipateurs de l'accès au marché ne doivent pas être surestimés, en particulier dans le monde de la plantation. Ces observations pondèrent les spécificités de la loi du marché au regard du post-esclavagisme. Certes, dans le sud des États-Unis, en Jamaïque ou dans les Antilles françaises, à partir de la fin du XVIIIe siècle, nombre de planteurs permettent à leurs esclaves de commercialiser une partie des productions agricoles récoltées sur les terres qui leur sont confiées, et parfois même de louer leur force de travail comme charpentiers ou forgerons durant quelques jours. Cela permet parfois aux esclaves d'acquérir un maigre capital financier en vue du rachat de leur liberté et limite leur dépendance d'esclavisé à l'égard du maître. Surtout, l'abandon physique de l'univers de la plantation, ne serait-ce que le temps d'un dimanche (Paulin Ismard) , constitue en soi une rupture majeure dans l'ordinaire de la domination esclavagiste.

Mais ces « avantages » résident surtout dans la contribution de l'esclavage à l'avènement de sociétés dans lesquelles le marché en vient à organiser la plupart des échanges, depuis la Méditerranée antique jusqu'au capitalisme atlantique de l'époque moderne. On peut même considérer que l'esclavage a paradoxalement contribué à la marchandisation du travail.

La loi du marché post-esclavagiste et les « survivances » ou « pesanteurs » sociologiques

Comme pour le post-colonialisme, le préfixe « post- » marque une fracture temporelle, celle établie par les abolitions avec le passé esclavagiste. Le préfixe "post" s'oppose donc au préfixe "néo", qui exprimerait une continuité dans les "grandes lignes" entre le système originel et le suivant. Ainsi le "néo-colonialisme" révèle des similitudes entre les circuits sociaux datant d'avant l'indépendance des pays autrefois colonisés et la nature des liens observables à l'époque contemporaine. Les formes de la rupture du lien colonial et l'émergence de la souveraineté nationale suivent des voies différentes selon les peuples. Après la fin de l'esclavage survient une période spécifique d'ajustement des sociétés. La fracture n'est pas complète, la vie continue. Les chercheurs en sciences sociales en viennent à constater des « survivances de l'esclavage ».[40] Le sociologue américain

---

[40] Bellagamba, Alice . »*Post-esclavage* » in Les Mondes de l'esclavage p. 999

Charles Tilly les inclut dans ce qu'il définit comme l'« inégalité durable » (Durable inequality, 1999) : la marginalisation en termes de classe, richesse et genre qui pèse durablement sur les mêmes catégories de personnes.

Une perspective micro-historique aide à mieux saisir les événements locaux et les réseaux qui rendent possibles les parcours de mobilité sociale des esclaves émancipés et de leurs descendants.

D'un autre côté, l'échelle macro-historique permet d'analyser les dynamiques de l'offre et de la demande qui ont restreint leur capacité d'action individuelle et collective en termes d'ajustement ou d'innovation.

La loi du marché post-esclavagiste omet malheureusement de remettre en cause l'équilibre classique de l'offre et de la demande. La spécificité des analyses et des commentaires du marché esclavagiste avant la « révolution abolitionniste » est de masquer l'importance de l'esclavage dans le Produit intérieur brut des États esclavagistes. Malgré les efforts de certains Physiocrates cette importance n'est pas soulignée autant qu'elle aurait dû l'être. Au contraire, l'attitude courante des auteurs de l'époque est d'en dénigrer l'utilité et les effets de distorsion sur la concurrence qui faussent le marché de l'emploi. L'équilibre classique, dont Jean-Baptiste Say est le héraut au début du XIXe siècle, n'ignore pas le rôle des avances financières mais ne révèle pas leur objet fréquemment esclavagiste et préalable à tout autre initiative. Par la suite, l'équilibre néo-classique, modélisé par Léon Walras (1834-1910), ignore quant à lui, les avances financières dans les pratiques des entrepreneurs (mais pas les dividendes). Tout se passe comme si la scotomisation des avances dans l'équilibre néo-classique faisait écho à celle de l'esclavage dans l'équilibre classique. Il n'y a donc pas de rupture temporelle tranchée entre l'équilibre classique et l'équilibre néo-classique, et donc pas d'équilibre qui eût pu être dénommé « post-classique » comme il y a une loi du marché post-esclavagiste après la loi du marché esclavagiste vouée aux gémonies par les révolutions abolitionnistes, mais pas par les écoles théoriques. Aujourd'hui encore, l'information sur les profits payés d'avance n'est pas asymétrique, elle est nulle.

L'appropriation culturelle et la loi du marché post-esclavagiste

Les révolutions abolitionnistes en France et en Angleterre puisent leurs ressorts dans l'indignation suscitée par la maltraitance subie par les Africains déportés et esclavisés. En ce temps-là, l'opinion publique sait se faire entendre. Une petite avant-garde d'esprits éclairés et d'âmes bien nées portent les combats politiques là où il faut. Mais la réflexion n'atteint pas la dimension universelle nécessaire au fonctionnement de nos sociétés . L'esclavage-marchandise existe depuis des temps immémoriaux. Les révolutions abolitionnistes à l'époque moderne agissent comme un révélateur issu de l'histoire africaine. Elles n'empêchent pas cependant un esclavage moderne d'apparaître sporadiquement. Les mondes de l'esclavage blanc sont particulièrement concernés. Le IIIe Reich allemand déporte 14 millions de travailleurs forcés sur son territoire à partir de pays voisins « occupés », pour maintenir l'activité et le capital national entre 1939 et 1945. Pour l'URSS, le nombre des déportés dans le Goulag s'élève à 20 millions entre 1930 et 1960. La période contemporaine connaît 'autres situations d'esclavage dit « moderne » qui témoignent de la persistance de l'institution aujourd'hui. La loi du marché post-esclavagiste peut ainsi s'appuyer sur un continuum d'observations dont il faut faire la théorie et assurer le traitement.

Un aspect important doit demeurer présent dans la démarche : le risque d'appropriation culturelle peut devenir un obstacle à la prise en compte de l'institution dans la révision des hypothèses de l'équilibre de l'offre et de la demande.

Au nombre des éléments culturels produits par les récits sur l'esclavage africain figure l'indignation. L'opinion publique européenne en est saisie et abolit l'institution. Ce fait peut être ressenti comme un acte de paternalisme par la culture dominée. Il y a là une forme d'appropriation culturelle qui correspond à l'usage par les membres d'une culture dominante, d'éléments culturels produits par une culture dominée. Pour éliminer ce biais préjudiciable à une démarche scientifique sereine, il faut établir le lien entre les composantes de l'offre et de la demande : l'avance financière est utilisée pour procéder à l'acquisition d'esclaves dont la production est presqu'intégralement consacrée à sa reconstitution dans les composantes financières du marché. Cette reconstitution est elle-même l'origine du profit.

ANNEXES :
1- TOTALÉNERGIES
2- LVMH

https://www.bnains.org/archives/ac-
tion.php?codeISIN=FR0000120271

1. Historique TOTALÉNERGIES Acomptes, soldes et dividendes au XXIe siècle

Date versement	Année référence	Type	Dividende brut	% ACOMPTE	% SOLDE	NOMBRE D'ACTIONS	MONTANT ACOMPTES	MONTANT SOLDE
12/01/2023	2022	Acompte	0,69 €					
03/10/2022	2022	Acompte	0,69 €					
01/07/2022	2021	Solde	0,66 €	75,28%	24,72%	2 619 131 285		
01/04/2022	2021	Acompte	0,66 €					
12/01/2022	2022	Acompte	0,69 €					
01/10/2021	2021	Acompte	0,66 €				- €	
01/07/2021	2020	Solde	0,67 €	74,83%	25,17%	2 619 131 285	5 185 879 944 €	1 744 341 436 €
01/04/2021	2020	Acompte	0,66 €				1 728 626 648 €	
11/01/2021	2020	Acompte	0,66 €				1 728 626 648 €	
02/10/2020	2020	Acompte	0,66 €				1 728 626 648 €	
01/07/2020	2019	Solde	0,66 €	75,19%	24,81%	2 619 131 285	5 238 262 570 €	1 728 626 648 €
01/04/2020	2019	Acompte	0,68 €				1 781 009 274 €	
08/01/2020	2019	Acompte	0,66 €				1 728 626 648 €	
01/10/2019	2019	Acompte	0,66 €				1 728 626 648 €	
13/06/2019	2018	Solde	0,64 €	75,00%	25,00%	2 451 334 115	4 706 561 501 €	1 568 853 834 €
05/04/2019	2018	Acompte	0,64 €					

10/01/2019	2018	Acompte	0,64 €					
12/10/2018	2018	Acompte	0,64 €					
06/06/2018	2017	Solde	0,62 €	74,90%	25,10%	2 249 300 000	4 161 205 000 €	1 394 566 000 €
09/04/2018	2017	Acompte	0,62 €		100,00%			
11/01/2018	2017	Acompte	0,62 €		100,00%			
21/10/2015	2015	Acompte	0,61 €		100,00%			
01/07/2015	2014	Solde	0,61 €	75,00%	25,00%	2 365 933 146	4 329 657 657 €	1 443 219 219 €
25/03/2015	2014	Acompte	0,61 €					
17/12/2014	2014	Acompte	0,61 €					
26/09/2014	2014	Acompte	0,61 €					
05/06/2014	2013	Solde	0,61 €	74,37%	25,63%	2 365 933 146	4 187 701 668 €	1 443 219 219 €
27/03/2014	2013	Acompte	0,59 €					

Date	Année	Type	Dividende	%	%	NOMBRE	MONTANT	MONTANT
versement	référence		brut	ACOMPTE	SOLDE	D'ACTIONS	ACOMPTES	SOLDE
19/12/2013	2013	Acompte	0,59 €					
27/09/2013	2013	Acompte	0,59 €					
27/06/2013	2012	Solde	0,59 €	74,79%	25,21%	2 255 500 000	3 947 125 000 €	1 330 745 000 €
21/03/2013	2012	Acompte	0,59 €					
20/12/2012	2012	Acompte	0,59 €					
27/09/2012	2012	Acompte	0,57 €					
21/06/2012	2011	Solde	0,57 €	75,00%	25,00%	2 255 500 000	3 856 905 000 €	1 285 635 000 €
22/03/2012	2011	Acompte	0,57 €		100,00%			
22/12/2011	2011	Acompte	0,57 €					
22/09/2011	2011	Acompte	0,57 €					
26/05/2011	2010	Solde	1,14 €	50,00%	50,00%	2 242 500 000	2 556 450 000 €	2 556 450 000 €
17/11/2010	2010	Acompte	1,14 €				- €	
01/06/2010	2009	Solde	1,14 €	50,00%	50,00%	2 235 400 000	2 548 356 000 €	2 548 356 000 €
18/11/2009	2009	Acompte	1,14 €					
22/05/2009	2008	Solde	1,14 €	50,00%	50,00%	2 371 548 273	2 703 565 031 €	2 703 565 031 €
19/11/2008	2008	Acompte	1,14 €					
20/05/2008	2007	Solde	1,07 €	48,31%	51,69%	2 395 816 251	2 395 816 251 €	2 563 523 389 €
16/11/2007	2007	Acompte	1,00 €		100,00%			
18/05/2007	2006	Solde	1,00 €	46,52%	53,48%	2 395 816 251	2 084 360 138 €	2 395 816 251 €
17/11/2006	2006	Acompte	0,87 €					
18/05/2006	2005	Solde	3,48 €	46,30%	53,70%	2 395 816 251	7 187 448 753 €	8 337 440 553 €

24/11/2005	2005	Acompte	3,00 €					
24/05/2005	2004	Solde	3,00 €	54,55%	45,45%	2 395 816 251	8 624 938 504 €	7 187 448 753 €
24/11/2004	2004	Acompte	3,60 €					
24/05/2004	2003	Solde	7,05 €	0,00%	63,75%	687 190 510	0,00	4 844 693 096 €
16/05/2003	2002	Solde	6,15 €	0,00%	100,00%	705 934 959	0,00	4 341 499 998 €
17/05/2002	2001	Solde	5,70 €	0,00%	100,00%	740 465 798	0,00	4 220 655 049 €
29/05/2001	2000	Solde	4,95 FRF	0,00%	100,00%	732 290 300	0,00	3 624 836 985 FRF
14/06/2000	1999	Solde	3,53 FRF	0,00%	100,00%	732 290 300	0,00	2 581 323 308 FRF
19/07/1999	1998	Solde	3,00 FRF€	0,00%	100,00%	732 290 300	0,00	2 196 870 900 FRF

2. Historique LVMH
Acomptes et soldes de dividendes au XXIe siècle

Date versement LVMH	Année réf.	Type	Dividende brut	% *ACOMPTE SUR DIVIDENDE*	% SOLDE DU DIVIDENDE	NOMBRE D'ACTIONS	*MONTANTS ACOMPTES VERSÉS*	MONTANTS SOLDES VERSÉS
05/12/2022	2022	Acompte	5,00 €			505 431 285	2 527 156 425,00 €	non disponible
28/04/2022	2021	Solde	7,00 €			505 431 285		3 538 018 995
02/12/2021	2021	Acompte	3,00 €	***42,86%***	57,14%	505 431 285	1 516 293 855,00 €	
22/04/2021	2020	Solde	4,00 €			505 431 285		
03/12/2020	***2020***	***Acompte***	***2,00***	***43,48%***	56,52%	505 431 285	***1 010 862 570,00***	***2 021 725 140,00***
09/07/2020	2019	Solde	2,60			505 431 285		1 314 121 341
10/12/2019	***2019***	***Acompte***	***2,20***	***35,48%***	64,52%	505 431 285	***1 111 948 827,00***	
29/04/2019	2018	Solde	4,00			505 431 285		2 021 725 140
06/12/2018	***2018***	***Acompte***	***2,00***	***37,04%***	62,96%	***505 431 285***	***1 010 862 570,00***	
19/04/2018	2017	Solde	3,40			505 029 495		1 717 100 283
07/12/2017	***2017***	***Acompte***	***1,60***	***38,10%***	61,90%	***505 029 495***	***808 047 192,00***	
21/04/2017	2016	Solde	2,60			506 986 871		1 318 165 865
01/12/2016	***2016***	***Acompte***	***1,40***	***38,89%***	61,11%	***506 986 871***	***709 781 619,40***	
21/04/2016	2015	Solde	2,20			507 027 398		1 115 460 276
04/12/2015	***2015***	***Acompte***	***1,35***	***40,91%***	59,09%	***507 027 398***	***684 486 987,30***	
23/04/2015	2014	Solde	1,95			507 027 398		988 703 426
04/12/2014	***2014***	***Acompte***	***1,25***	***39,68%***	60,32%	***507 027 398***	***633 784 247,50***	
17/04/2014	2013	Solde	1,90			507 027 398		963 352 056

03/12/2013	***2013***	***Acompte***	***1,20***	***40,00%***	60,00%	507 027 398	***608 432 877,60***	
25/04/2013	2012	Solde	1,80			508 241 950		914 835 510
04/12/2012	***2012***	***Acompte***	***1,10***	***37,93%***	62,07%	***508 241 950***	***559 066 145,00***	
25/04/2012	2011	Solde	1,80			490 642 232		883 156 018
02/12/2011	***2011***	***Acompte***	***0,80***	***36,36%***	63,64%	***490 642 232***	***392 513 785,60***	
25/05/2011	2010	Solde	1,40			488 769 286		684 277 000
02/12/2010	***2010***	***Acompte***	***0,70***	***35,00%***	65,00%	***488 769 286***	***171 069 250,10***	
25/05/2010	2009	Solde	1,30			476 870 920		619 932 196
02/12/2009	***2009***	***Acompte***	***0,35***	***21,88%***	78,13%	***476 870 920***	***166 904 822,00***	
25/05/2009	2008	Solde	1,25			489 937 410		612 421 763
02/12/2008	***2008***	***Acompte***	***0,35***	***21,88%***	78,13%	***489 937 410***	***171 478 093,50***	
23/05/2008	2007	Solde	1,25			489 937 410		612 421 763
03/12/2007	***2007***	***Acompte***	***0,35***	***24,14%***	75,86%	***489 937 410***	***146 981 223,00***	
15/05/2007	2006	Solde	1,10			489 937 410		538 931 151
01/12/2006	***2006***	***Acompte***	***0,30***	***25,00%***	75,00%	***489 937 410***	***146 981 223,00***	
18/05/2006	2005	Solde	0,90			489 937 410		440 943 669
02/12/2005	***2005***	***Acompte***	***0,25***	***26,32%***	73,68%	***489 937 410***	***183 726 528,75***	
18/05/2005	2004	Solde	0,70			489 937 410		342 956 187
02/12/2004	***2004***	***Acompte***	***0,38***	***28,52%***	71,48%	***489 937 410***	***183 726 528,75***	
19/05/2004	2003	Solde	0,94			489 937 410		460 541 165
04/12/2003	***2003***	***Acompte***	***0,33***	***27,50%***	72,50%	***489 937 410***	***161 679 345,30***	
28/05/2003	2002	Solde	0,87			489 937 410		426 245 547

03/12/2002	***2002***	***Acompte***	***0,33***	***29,46%***	70,54%	***489 937 410***	***171 478 093,50***	
04/06/2002	2001	Solde	0,79			489 937 410		387 050 554
04/12/2001	***2001***	***Acompte***	***0,35***	***30,70%***	69,30%	***489 937 410***	***161 679 345,30***	
05/06/2001	2000	Solde	0,79			489 858 345		386 988 093
01/12/2000	***2000***	***Acompte***	***0,33***	***47,83%***	52,17%	***489 858 345***	***734 787 517,50***	
05/06/2000	1999	Solde	0,36			98 000 000		35 280 000
01/12/1999	***1999***	***Acompte***	***1,50***	***50,00%***	50,00%	***98 000 000***	***926 100 000,00***	
					100,00%			

Bibliographie

Baxter, Richard *Christian Directory* http://digitalpuritan.net/richard-baxter/

Bodin, Jean *Les paradoxes du seigneur deMalestroict-* [1568] Source : gallica.bns.sr / Bibliothèque nationale de France

Boulding, Kenneth *A reconstruction of economics* Science edition 1962

Denis, Henri *Le problème de l'origine du profit* in La revue du Mauss N°9 1997

Denis, Henri *La loi de Say sera-t-elle enfin rejetée* ? Economica 1999

Gayraud *Le nouveau capitalisme criminel* Odile Jacob 2014 359 p. Préface de Paul Jorion

Godelier, Maurice. *La « monnaie de sel » des Baruya de Nouvelle-Guinée*. In: L'Homme, 1969, tome 9 n°2. pp. 5-37;
https://doi.org/10.3406/hom.1969.367046
https://www.persee.fr/doc/hom_0439-4216_1969_num_9_2_367046

Godelier, Maurice. *Economie politique et anthropologie économique (à propos des Siane de Nouvelle-Guinée).* In: L'Homme, 1964, tome 4 n°3. pp. 118-132;
https://doi.org/10.3406/hom.1964.366671
https://www.persee.fr/doc/hom_0439-4216_1964_num_4_3_366671

Pétré Grenouilleau, O. *L'argent de la traite Milieu négrier, capitalisme et développement : un modèle*

Aubier-1996-420 p.
Grenouilleau, O. Christianisme et esclavage Paris 2021
Herrera, Rémy,_*Note sur Jean-Baptiste Say. Position sur l'esclavage en particulier* De Boeck Supérieur | « Innovations »2014/3 n° 45 | pages 135 à 157Article disponible en ligne à l'adresse : https://www.cairn.info/revue-innovations-2014-3-page-135.htm
Hicks, John *Une théorie de l'histoire économique* Seuil 1973
Ismard, Paulin, sous la direction de, *Les mondes de l'esclavage- Une histoire comparée.* Paris 2021
Molinari, Gustave de, *Études économiques (1846) (Partie II : De l'abolition de l'esclavage*)-Institut Coppet
Moulier-Boutang, Yann *De l'esclavage au salariat, économie historique du salariat bridée*, Presses universitaires de France, Paris, 1998.
Oudin-Bastiden Caroline & Philippe Steiner, *« Quel est le coût du travail servile ? », La Vie des idées*, 4 février 2016.
URL : https://laviedesidees.fr/Quel-est-le-cout-du-travail-servile.html
Sanchez Saus, Rafael, *Les Chrétiens dans Al-Andalus De la soumission à l'anéantissement* Paris 2019
Say, J.-B. *Cours d'économie politique* GF 1996
Say, J.-B., *Leçons d'économie Politique* Economica 2003
Spector, Céline *Éloge de l'injustice* Seuil 2016
Schaub, J.-F. et Sebastiani V. *Race et histoire dans les sociétés occidentales du XVIe au XVIIIe* Albin Michel 2021
Weber, Max *L'éthique protestant et l'esprit du capitalisme* Paris 2004

Revue « Marché et Organisations »

Promouvoir la recherche originale sur les relations de plus en plus étroites entre le marché et les organisations. Les acteurs économiques de taille, de puissance et de pouvoir différents dont les intérêts peuvent être convergents, complémentaires ou, le plus souvent, antagoniques, ont tendance à organiser les marchés. La raison du marché, pourtant, est la référence stratégique pour l'entreprise ainsi que pour les institutions publiques de décision économique.

Numéros parus :

N°1 : Artisanat. La modernité réinventée, 2006
N°2 : La petite entreprise, elle a tout d'une grande. De l'accompagnement aux choix stratégiques, 2006
N°3 : Tourisme et Innovation. La force créative des loisirs, 2007
N°4 : Le travail. Formes récentes et nouvelles questions, 2007
N°5 : Les universités et l'innovation. L'enseignement et la recherche dans l'économie des connaissances, 2007
N°6 : Entrepreneuriat et accompagnement. Outils, actions et paradigmes nouveaux, 2008
N°7 : Développement durable des territoires. Economie sociale, environnement et innovations, 2008
N°8 : Développement durable et responsabilité sociale des acteurs, 2009
N°9 : Gouvernance : exercices de pouvoir, 2009
N°10 : Le travail collaboratif. Une innovation générique, 2009
N°11 : Economie sociale et solidaire. Nouvelles trajectoires d'innovations, 2010
N°12 : Relations à la marque et marques de la relation. Regards croisés sur le management relationnel de la marque, 2010
N°13 : Les contrats au service de la recherche ?, 2011
N°14 : Le potentiel économique de l'Afrique subsaharienne, 2011
N°15 : Management de la distribution, 2012
N°16 : Territoire Vert. Entreprises, Institutions, Innovations, 2012
N°17 : Eco-conception, conception et innovation. Les nouveaux défis de l'entreprise, 2013
N°18 : Intelligence économique : entreprises et territoires, 2013
N°19 : La finance globale. Un monde fini, 2013
N°20 : La crise du « développement », 2014
N°21 : La Chine innove. Politiques publiques et stratégies d'entreprise, 2014
N°22 : Go East! Nouvelles Economies de Marché, 2015
N°23 : L'économie du changement, 2015
N°24 : Le temps des artisans. Permanences et mutations, 2015
N°25 : Innovations de proximité et esprit d'entreprise, 2016
N°26 : L'avenir des économies du Maghreb : entre inertie structurelle et envie de rupture, 2016/3 (n° 27)
N°27 : Le sport aux frontières du marché du travail, 2016
N°28 : Dynamiques internationales des entreprises, 2017
N°29 : L'univers du risque, 2017
N°30 : Les petites entreprises dans l'histoire industrielle, 2017
N°31 : Economie sociale et *social business* ? Au défi d'entreprendre et se financer, 2018
N°32 : Éducation et fertilisation des économies africaines, 2018
N°33 : L'entrepreneuriat innovant dans les pays du Maghreb, 2018
N°34 : L'entrepreneuriat scientifique : institutions et innovation, 2019
N°35 : Le champ économique de la culture, 2019
N°36 : Economie sociale et solidaire ? Modèles d'innovation et modes de gouvernance, 2019
N°37 : Rethinking Luxury Business, 2020
N°38 : La santé connectée. Nouvelles technologies et réorganisation des soins, 2020
N°39 : Options stratégiques et systèmes complexes d'innovation, 2020
N°40 : Les services : intégration des systèmes productifs et lien social, 2021
N°41 : Crise pandémique, crise globale. Réalité et controverses théoriques, 2021
N°42 : La crise de la covid-19. Le marché et les organisations en perspective, 2021
n°43 : (Re)faire système. *Bug & reset*, 2022
n°44 : Aléas du marché et management du risque, 2022
n°45 : Le renouveau du transport et de la logistique : les systèmes d'information, 2022

Collection « L'esprit économique »

fondée par Sophie Boutillier et Dimitri Uzunidis en 1996

Dernières parutions

► ***Série Economie et Innovation***
S. MONNERIE, *L'économie digitale révolutionne le monde. Innovation et total design*, 2019.
T. MICHAUD, *Le projet spatial européen, entre pragmatisme et imagination*, 2020.
J.-P. SCHMITT, N. RAVIDAT, *Management conjoint de la technologie et de la personne. Pour performer et croitre*, 2020.
Y. EL YAHYAOUI, *Economie des plateformes numériques. Captation de la valeur, pouvoir de marché et communs collaboratifs*, 2021.
G. DUTHIL, *Handicap et insertion professionnelle*, 2022.
T. MICHAUD, *La science-fiction institutionnelle*, 2023.
► ***Série Le Monde en Question***
H. AGOURRAME, *La règlementation bancaire internationale. Genèse, évolution et impact sur le « business model » des banques*, 2021.
A. AMINE, C. GALLOUJ, *Consommateurs et pratiques de consommation au Maroc*, 2021.
T. MARINOVA, *Economie sociale et solidaire dans les pays des Balkans. Bulgarie, Roumanie, Serbie : quels enseignements ?* 2021.
T. GARCENOT, *La finance contre le dérèglement climatique. Politiques monétaires et enjeux géopolitiques de la finance verte*, 2021.
A. VALLERAY, *Mondialisation mon amour. Avatars d'une utopie*, 2021.
I. BEN ABDELKADER, *La microfinance dans la région du Moyen-Orient et de l'Afrique du nord (MENA). Aperçu global et enjeux actuels*, 2022.
C. GALLOUJ, *Grande distribution alimentaire au Maroc. Acteurs et stratégies*, 2022.
J. PIERRE-JUSTIN VIRAPATIRIN, *La petite économie insulaire de la Guadeloupe. Bilan, enjeux et perspectives*, 2022.
K. ESSAF, *Les Sukuk : aspects théoriques, rendement et risques*, 2022.
► ***Série Krisis***
J.-C. MOREL, *La nécessaire valorisation de la richesse ou intégrer le capital humain au bilan*, 2020.
V. LAURE VAN BAMBEKE, *La valeur du travail humain. Essai sur la refondation de l'expression monétaire de la valeur-travail*, 2021.
A. FONTAINE, *L'économie est l'opium du peuple. Une fausse science*, 2021.
A. RODRIGUEZ-HERRERA, Travail, valeur et prix. Reprise et clôture d'un débat centenaire (1885-1985) a la lumière des textes marxiens, 2021.
R. DELORME, *La complexité autrement. Une réponse nouvelle à la pandémie et à d'autres phénomènes sociaux complexes*, 2022.
V. YEFIMOV, *L'ordre social monétaire. L'économie discursive défit le courant dominant et l'économie narrative*, 2022.
► **Série *Clichés***
S. BOUTILLIER, D. UZUNIDIS (dir.), *La Russie européenne. Du passé composé au futur antérieur*, 2008.
R. VOLPI, *La négociation. Pain, paix, liberté*, 2009.
► ***Série Cours Principaux***
R. SANTENAC, *Le cycle des crises financières. Une étude approfondie des causes, des impacts et de la fréquence*, 2020.
B. LANDAIS, *Macroéconomie efficace. Croissance et crises*, 2020.
A. MBULI LANDU, *Le memo d'un comptable. Approche par le SYSCOHADA révisé*, 2021.
M. EL KARRIM, *Introduction à l'économétrie appliquée*, 2022.
Z. FIRANO, *Fondements de la finance de marché. Théories et applications*, 2022.
► ***Série L'économie formelle***
H. AMAAZOUL, *Responsabilité sociétale des entreprises et performance financière. Étude appliquée aux entreprises marocaines*, 2021.
M. BERTONECHE, *Chroniques économiques de notre temps*, 2021.
E. CARREY, H. LANDIER, *Après la guerre contre la Covid : de l'économie financière a l'entrepreneuriat social*, 2021.
J. LATREILLE, *Sale temps pour l'économie marchande*, 2021.
J. LATREILLE, *Escronomistes ! Ces théories qui abîment le monde*, 2022.

Structures éditoriales du groupe L'Harmattan

L'Harmattan Italie
Via degli Artisti, 15
10124 Torino
harmattan.italia@gmail.com

L'Harmattan Hongrie
Kossuth l. u. 14-16.
1053 Budapest
harmattan@harmattan.hu

L'Harmattan Sénégal
10 VDN en face Mermoz
BP 45034 Dakar-Fann
senharmattan@gmail.com

L'Harmattan Cameroun
TSINGA/FECAFOOT
BP 11486 Yaoundé
inkoukam@gmail.com

L'Harmattan Burkina Faso
Achille Somé – tengnule@hotmail.fr

L'Harmattan Guinée
Almamya, rue KA 028 OKB Agency
BP 3470 Conakry
harmattanguinee@yahoo.fr

L'Harmattan RDC
185, avenue Nyangwe
Commune de Lingwala – Kinshasa
matangilamusadila@yahoo.fr

L'Harmattan Congo
219, avenue Nelson Mandela
BP 2874 Brazzaville
harmattan.congo@yahoo.fr

L'Harmattan Mali
ACI 2000 - Immeuble Mgr Jean Marie Cisse
Bureau 10
BP 145 Bamako-Mali
mali@harmattan.fr

L'Harmattan Togo
Djidjole – Lomé
Maison Amela
face EPP BATOME
ddamela@aol.com

L'Harmattan Côte d'Ivoire
Résidence Karl – Cité des Arts
Abidjan-Cocody
03 BP 1588 Abidjan
espace_harmattan.ci@hotmail.fr

Nos librairies en France

Librairie internationale
16, rue des Écoles
75005 Paris
librairie.internationale@harmattan.fr
01 40 46 79 11
www.librairieharmattan.com

Librairie des savoirs
21, rue des Écoles
75005 Paris
librairie.sh@harmattan.fr
01 46 34 13 71
www.librairieharmattansh.com

Librairie Le Lucernaire
53, rue Notre-Dame-des-Champs
75006 Paris
librairie@lucernaire.fr
01 42 22 67 13

www.ingramcontent.com/pod-product-compliance
Lightning Source LLC
LaVergne TN
LVHW010934061026
849535LV00007B/2392
* 9 7 8 2 1 4 0 3 3 2 1 7 3 *